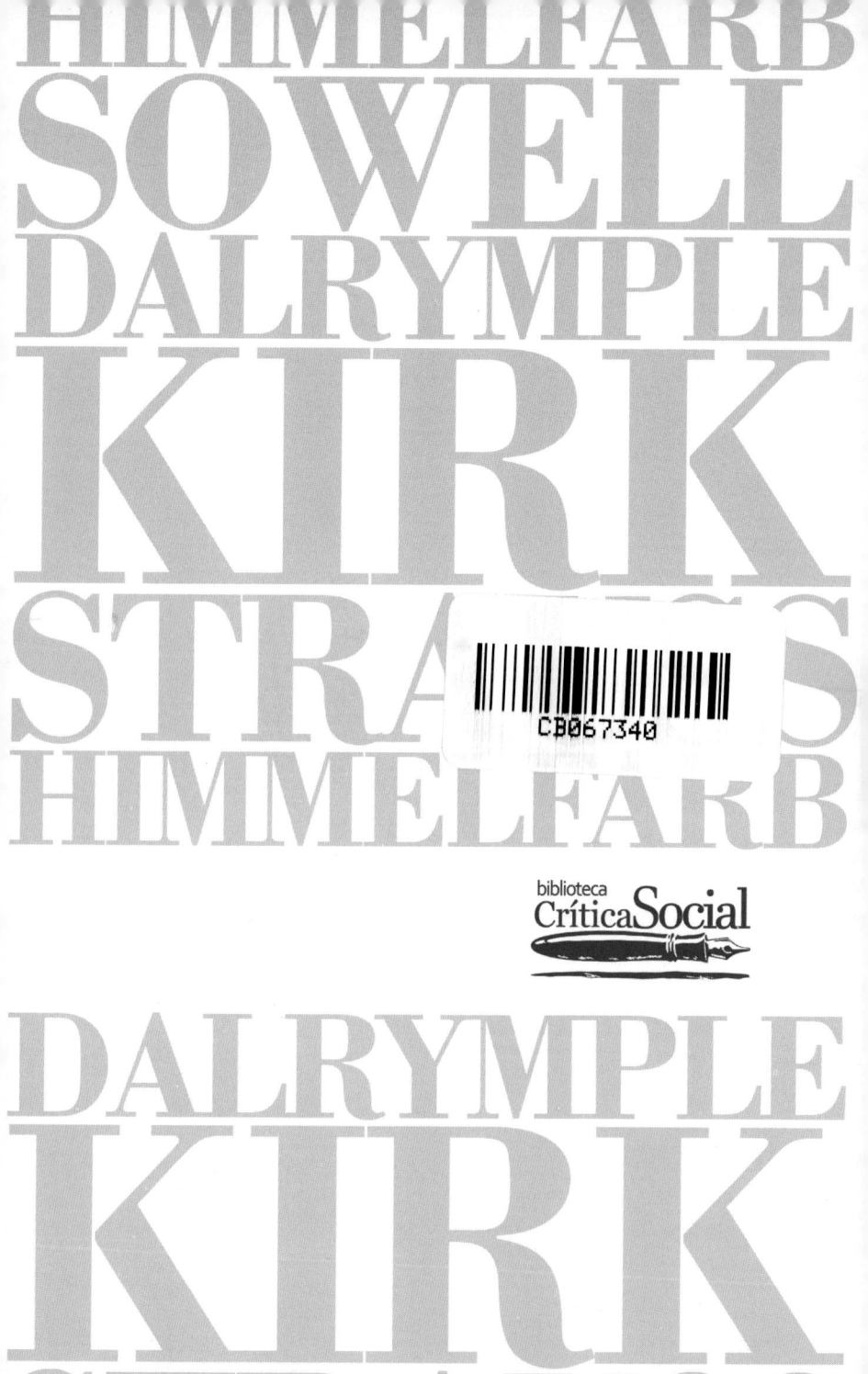

HIMMELFARB
SOWELL
DALRYMPLE
KIRK
STRAUSS
HIMMELFARB

biblioteca
CríticaSocial

DALRYMPLE
KIRK
STRAUSS

Copyright © 2015 Alex Catharino.
Copyright desta edição © 2015 É Realizações

*Editor*
Edson Manoel de Oliveira Filho

*Curador*
Jorge Feffer

*Coordenador da Biblioteca Crítica Social*
Luiz Felipe Pondé

*Produção editorial*
É Realizações Editora

*Capa*
Foca Cruz

*Projeto gráfico*
Douglas Watanabe

*Preparação e revisão de texto*
Lizete Mercadante Machado

Reservados todos os direitos desta obra. Proibida toda e qualquer reprodução desta edição por qualquer meio ou forma, seja ela eletrônica ou mecânica, fotocópia, gravação ou qualquer outro meio de reprodução, sem permissão expressa do editor.

CIP-Brasil. Catalogação na Publicação
Sindicato Nacional dos Editores de Livros, RJ

C357r
    Catharino, Alex
    Russell Kirk : o peregrino na terra desolada / Alex Catharino ; coordenador Luiz Felipe Pondé ; curadoria Jorge Feffer. - 1. ed. - São Paulo : É Realizações, 2015.
136 p. ; 21 cm.  (Biblioteca Crítica Social)

    ISBN 978-85-8033-224-7

    1. Kirk, Russell, 1918-1994 -- Crítica e interpretação. 2. Ciência política - Filosofia. I. Pondé, Luiz Felipe, 1959-. II. Feffer, Jorge. III. Título. IV. Série.

15-27495                                                                    CDD: 320.01
                                                                                               CDU: 321.01

22/10/2015    22/10/2015

É Realizações Editora, Livraria e Distribuidora Ltda.
Rua França Pinto, 498 · São Paulo SP · 04016-002
Caixa Postal: 45321 · 04010-970 · Telefax: (5511) 5572 5363
atendimento@erealizacoes.com.br · www.erealizacoes.com.br

Este livro foi impresso pela Intergraf Indústria Gráfica em outubro de 2015. Os tipos são da família Adobe Garamond Pro e Avenir LT Std. O papel do miolo é o pólen soft 80g, e o da capa cartão supremo 250g.

Alex Catharino

# RUSSELL KIRK
## O peregrino na terra desolada

prefácio de Luiz Felipe Pondé

É Realizações
Editora

# BIBLIOTECA CRÍTICA SOCIAL

## Coordenador: Luiz Felipe Pondé

A *Biblioteca Crítica Social* que agora é lançada pela É Realizações é um marco para a construção de um pensamento livre de amarras ideológicas no Brasil. Abrindo este repertório, cinco autores essenciais, apresentados por especialistas, através de livros objetivos e eruditos. O psiquiatra Theodore Dalrymple, e sua fina crítica à destruição do caráter no mundo contemporâneo. Thomas Sowell, homem de letras, duro crítico da irrelevância e arrogância dos intelectuais. A historiadora da moral e da política Gertrude Himmelfarb, uma sofisticada analista das diferentes formas de iluminismo, algumas delas pouco conhecidas no Brasil. O filósofo da política Leo Strauss, pensador conservador e fundador de uma tradição que se opõe a autores mais conhecidos, como Rousseau e Marx. E, por último, mas nem por isso menos essencial, o filósofo e historiador do pensamento conservador, Russell Kirk, autor de uma delicada teia de reflexão que reúne política, crítica literária, moral e espiritualidade.

Ao saudoso amigo e mentor Ubiratan Borges de Macedo (1937-2007), provavelmente o intelectual brasileiro mais culto do século XX, a quem sou eternamente grato por ter guiado minha jornada intelectual ao longo de mais de dez anos como um paciente mestre e interlocutor, além de ter me apresentado ao pensamento político de Russell Kirk (1918-1994), incentivando-me inúmeras vezes a estudar de modo sistemático a obra desse autor.

# SUMÁRIO

Agradecimentos..................................................................................... 11
Prefácio: Russell Kirk e a filosofia que é uma espiritualidade................... 15
Introdução: *"Assim deve o amante lutar pelas palavras"*....................... 17
1. *"O destino do homem é o trabalho contínuo"*:
   A biografia de Russell Kirk .............................................................27
2. *"A comunicação dos mortos"*:
   O pensamento cultural e político de Russell Kirk ..........................41
3. *"Onde a palavra ressoará?"*:
   O lugar de T. S. Eliot no pensamento Kirkiano .............................59
4. *"É o fardo que lhe foi destinado"*:
   A análise do *corpus* eliotiano por Russell Kirk...............................77
5. *"Com tais fragmentos foi que escorei minhas ruínas"*:
   Seleção ilustrativa de textos de Russell Kirk sobre T. S. Eliot ......... 105
6. Conclusão: *"O fim será simples, rápido, oportuno"* ......................121
7. Sugestões de leitura .....................................................................131

# AGRADECIMENTOS

O presente livro, se dependesse exclusivamente da vontade do autor, nunca teria sido escrito, visto que, nos últimos quinze anos, sempre releguei a produção intelectual própria ao segundo plano diante da urgente tarefa de publicar em língua portuguesa os trabalhos de inúmeros autores mais relevantes – entre eles, Russell Kirk. Por conta disso, os primeiros agradecimentos são para Edson Manoel de Oliveira Filho, editor responsável pela É Realizações, e para Luiz Felipe Pondé, coordenador da Biblioteca Crítica Social, pelo gentil e persuasivo convite feito para escrever esta obra. Agradeço, também, a toda a equipe da É Realizações Editora pelo belo trabalho editorial.

A pesquisa não seria possível sem o magnânimo apoio de Annette Y. Kirk, viúva de Russell Kirk e presidente do The Russell Kirk Center for Cultural Renewal, que, além de franquear-me livre acesso, desde 2008, aos arquivos e à biblioteca da instituição, também sugeriu-me indicações bibliográficas, apresentou-me a diversos pesquisadores especialistas no pensamento kirkiano e compartilhou comigo relatos familiares. Ademais, essa obra é o resultado parcial do trabalho que venho desenvolvendo como pesquisador no The Russell Kirk Center for Cultural Renewal desde 2010. Nessa pesquisa, a colaboração de Annette Kirk tem sido fundamental, em especial nas inúmeras vezes em que tivemos a oportunidade de debater tanto o conteúdo integral de minhas apresentações às edições brasileiras para os livros *A Era de T. S. Eliot: A Imaginação Moral do Século XX*, *A Política da Prudência* e *Edmund Burke: Redescobrindo um Gênio*, quanto todos os detalhes da presente obra. Todavia, a confiança depositada e o amplo grau de liberdade muitas vezes levaram-me a seguir caminhos diferentes daqueles por ela apontados, o que a desobriga de assumir qualquer um dos possíveis erros contidos no livro.

Sou grato pelas inúmeras conversas que tive ao longo dos últimos anos com Monica Rachel Kirk Carman, Cecilia Abigail Kirk Nelson, Felicia Annette Kirk Flores e Andrea Seton Kirk Assaf, cujos relatos ajudaram muito na compreensão do pensamento e da biografia de Russell Kirk. Não poderia deixar de lembrar as brincadeiras, a música, as cores e os raios de sol que, após o cair do crepúsculo de muitas horas de trabalho estafante, foram trazidos para um "velho gambá" apreciador das extravagâncias dos "gatos travessos" pelos queridos amigos Maya, Joseph e Valentina Assaf.

Agradeço à Bradley J. Birzer, professor da cadeira Russell Amos Kirk de História dos Estados Unidos no Hillsdale College, e a Benjamin G. Lockerd Jr., professor do Departamento de Língua e Literatura Inglesa da Grand Valley State University (GVSU) e ex-presidente da The T. S. Eliot Society, pela gentileza de terem sido meus interlocutores em diferentes ocasiões, ajudando-me a compreender melhor o pensamento e a obra tanto de Russell Kirk quanto de T. S. Eliot, em especial no que diz respeito a alguns pontos específicos mais controversos defendidos no presente trabalho.

Expresso a gratidão pelos diversos momentos de convivência com os pesquisadores do The Russell Kirk Center, em particular, Bruce P. Frohnen, George H. Nash, James E. Person, Jr., Jeffrey O. Nelson, John M. Pafford e Vigen Guroian, com os quais tenho aprendido muito nos últimos cinco anos e que, durante o período em que elaborava a presente obra, ouviram pacientemente minha exposição das ideias gerais do livro, oferecendo alguns conselhos valiosos. Agradeço, também, aos ex-alunos do Mago de Mecosta, meus amigos Bruce Edward Walker, David B. Schock, Len Bareman e Michael Curry por terem compartilhado inúmeros relatos sobre o saudoso professor, além de discutir comigo alguns pontos de meu trabalho. Não poderia deixar de citar aqui toda a ajuda que recebi de Charles C. Brown, arquivista da instituição, e da querida amiga Jeanne Simmon, que garantiu algumas das condições materiais que tornaram esse livro possível.

Pela paciente leitura do texto, pela tradução do inglês dos trechos citados das obras inéditas em português de T. S. Eliot e de Russell Kirk, bem como pelas conversas e pelas sugestões sobre o conteúdo do trabalho e pela cuidadosa revisão do manuscrito original sou muitíssimo grato à minha "companheira de peregrinação", a tradutora Márcia Xavier de Brito.

Expresso minha imensa gratidão aos meus familiares, em especial a meus pais Luiz Antônio de Souza e Eliane Catharino de Souza, por todo amor, carinho e dedicação, bem como pelo aprendizado das primeiras letras, pela confiança depositada e pelos inúmeros conselhos, estímulos e testemunho que me deram ao longo de toda a vida.

Por fim, mas de modo algum menos importante, lembro os versos de *Coros de "A Rocha"*, quando T. S. Eliot afirma: *"Que vida tendes se não viveis em comunhão? / Não há vida que floresça sem comunidade, / E comunidade não há que perdure sem louvar DEUS"* (II, 162-164). Desse modo, o maior de todos os agradecimentos, necessariamente, é para Nosso Senhor Jesus Cristo, o Verbo (*Lógos*) encarnado, cujo sacrifício na cruz nos redimiu do pecado.

Alex Catharino
*The Russell Kirk Center for Cultural Renewal, Mecosta, Michigan, EUA*
*Festa de Santo Agostinho de Hipona do Ano da Graça de Nosso Senhor Jesus Cristo de 2015*

# PREFÁCIO: RUSSELL KIRK E A FILOSOFIA QUE É UMA ESPIRITUALIDADE

## Luiz Felipe Pondé

É comum considerar pensadores conservadores pessimistas com o mundo. Mas, como sempre, essa ideia é fruto da ignorância que inunda nosso mundo intelectual no que tange àqueles que resistem ao óbvio da banalidade do intelecto, que marca a filosofia da ideologia, vício caro ao nosso tempo de superficialidades e modas.

Entre todos os intelectuais que representam essa resistência, talvez o norte-americano Russell Kirk seja o mais marcante. Fosse eu resumir seu pensamento, cometendo um pecado que não passaria despercebido ao próprio Kirk, que considerava a praga dos resumos e das sínteses "coisa de jacobino", eu diria que Kirk foi um filósofo atento à vida com os transcendentais do Belo e do Bem, e que essa atenção se materializava tanto na sua escrita quanto no seu olhar sobre o mundo. Kirk pensava de modo elegante, argumentava de forma delicada, defendia o mundo porque ele é belo e bom.

O conservadorismo de Kirk é sustentado pela ideia de que o coração da vida intelectual são mais os sentimentos que os dogmas teóricos (tão caros aos calculadores, sofistas e economistas, se fôssemos pensar como Edmund Burke, filósofo britânico do século XVIII, uma das maiores referências na formação de Kirk); daí deduzirmos sua crítica ao mundo moderno como uma crítica ao "horror da devastação". E aqui chegamos à escolha que Alex Catharino faz para nos apresentar Russell Kirk: o livro que o leitor tem em mãos é, de certa forma, um diálogo entre Kirk e T. S. Eliot, poeta, escritor e crítico anglo-americano que viveu entre os séculos XIX e XX, referência essencial, e às vezes pouco notada entre nós, para entendermos a sofisticada resistência que caracteriza o pensamento kirkiano à tentativa de fazer do mundo um "terreno baldio". Deixarei você, leitor, nas mãos de Alex Catharino, para que acompanhe o refinado percurso que ele constrói nessa obra que está diante de seus olhos. Mas, antes, uma última palavra.

Ao pôr em diálogo poesia, literatura, história das ideias e filosofia, Kirk constrói uma obra que é um encontro entre moral, política e estética. Não uma política como engenharia de dogmas, mas uma política como o olhar atento aos detalhes da misteriosa heterogeneidade da humanidade em sua luta consigo mesma. Não uma moral da inovação constante, como se o comportamento humano fosse palco de uma vida corporativa pressionada pelo "mercado das modas de comportamentos", mas sim uma moral que vive, constantemente, num diálogo com os mortos. Não uma estética da afetação modernista, mas sim uma estética dos afetos morais e políticos. Por isso, Kirk traz para o centro da reflexão a ideia de imaginação moral como forma de resistência e construção de uma vida calcada no cuidado com os vivos, os mortos e os que ainda não nasceram.

Platão, o pai de todos nós que amamos a filosofia, já dizia que pensar é um ato de amor, filho do espanto, que busca o Belo e o Bem. O mundo visto pelos olhos de Kirk, em diálogo com Eliot, apresentado de modo consistente por Catharino, que tem à sua disposição não só as fontes originais de Kirk, sua fortuna crítica e as cartas trocadas entre Kirk e Eliot, mas também os frutos de sua longa estada em Mecosta, no The Russell Kirk Center for Cultural Renewal, é uma confissão de amor a este mundo. Nesse sentido, o encontro entre Kirk e Eliot, entre política, moral e estética, constitui a forma mais profunda de conhecimento, a espiritualidade. A espiritualidade é o lugar em que os peregrinos se encontram em seu constante movimento de busca da Verdade da vida e do mundo.

Sou uma daquelas pessoas que pensa que a espiritualidade seja a forma mais profunda de cultura que existe. Passo a você, leitor, uma prova disso.

# INTRODUÇÃO: *"ASSIM DEVE O AMANTE LUTAR PELAS PALAVRAS"*

*"Assim expira o mundo / Não com uma explosão, mas com um gemido".*[1] Com tais versos, T. S. Eliot (1888-1965) encerra o poema "The Hollow Men" [Os Homens Ocos], de 1925. Junto com "The Love Song of J. Alfred Prufrock" [A Canção de Amor de J. Alfred Prufrock], de 1915, "Gerontion", de 1919, e o enigmático "The Waste Land" [A Terra Desolada], de 1922, tal poema apresenta o âmago da desordem privada e pública, uma espécie de doença moral que ainda assola a conturbada mentalidade moderna no começo deste novo milênio.

No livro *Eliot and His Age* [A Era de T. S. Eliot], lançado originalmente em 1971, Russell Kirk (1918-1994) afirma que tal enfermidade retratada pelo poeta é um inferno que "pode estar pavimentado de boas intenções", além de ressaltar que:

> Este é o inferno dos intelectuais que põem a confiança "naquela parte do presente que já está morta"; é o inferno do oportunista na política; é o inferno do homem sensual mediano que prefere a diversão efêmera ao amor pelo dever e sacrifício; é o inferno a que descem muitos homens, em todas as épocas; também é o inferno que mais está em conformidade com a infidelidade do século XX. Embora esse não seja o inferno da imaginação diabólica, certamente é o inferno para o qual

---

[1] T. S. Eliot, *Os Homens Ocos*, V, 96-97. Ao longo de todo o livro, a poesia de T. S. Eliot será citada na tradução em português de Ivan Junqueira, publicada na seguinte edição bilíngue: T. S. Eliot, *T. S. Eliot: Obra Completa – Volume I: Poesia*. Trad., intr. e notas de Ivan Junqueira. São Paulo, Arx, 2004.

a imaginação idílica nos seduz; é um inferno em que ninguém reina: nem mesmo o Grande Anarquista pode ser avistado.[2]

As raízes desse problema não podem ser entendidas como um mal isolado que afeta apenas a alma de alguns indivíduos, nem como crises específicas de culturas particulares, que podem ser mapeadas pela análise de acontecimentos estanques. Independentemente dos avanços científicos, econômicos e tecnológicos, o contínuo processo de decadência cultural do Ocidente na modernidade se manifesta, multifacetadamente, em diversas crises particulares na religião, na cultura, na moral, na família, na política e na economia, sendo um fenômeno universal e uno, resultado dos desvios no correto entendimento da identidade do homem ocidental, em particular, e da própria natureza humana, em geral. Para compreender esse drama, temos de entender os desvios intelectuais da modernidade, descritos por Kirk com as seguintes palavras:

> O mal da desagregação normativa corrói a ordem no interior da pessoa e da república. Até reconhecermos a natureza dessa enfermidade, seremos forçados a afundar, cada vez mais, na desordem da alma e do Estado. O restabelecimento das normas só pode começar quando nós, modernos, viermos a compreender a maneira pela qual nos afastamos das antigas verdades.[3]

Embasado principalmente no pensamento conservador de Edmund Burke (1729-1797) e na poesia, no teatro e nos ensaios críticos de T. S. Eliot, a variedade de conservadorismo cultural e político defendida por Russell Kirk ressalta que as modernas sociedades ideologizadas são assombradas pela ansiedade, produzida pela "desordem na existência privada" e pela "desordem na experiência social", que cresce "na fraqueza,

---

[2] Russell Kirk, *A Era de T. S. Eliot: A Imaginação Moral do Século XX*. Apres. Alex Catharino; Intr. Benjamin G. Lockerd Jr.; Trad. Márcia Xavier de Brito. São Paulo, É Realizações, 2011, p. 279.

[3] Idem, "A Arte Normativa e os Vícios Modernos". Trad. Gustavo Santos; notas de Alex Catharino. *Communio: Revista Internacional de Teologia e Cultura*, vol. XXVII, n. 4, out.-dez. de 2008, p. 993-1017, cit. p. 993.

impotência e frustração", que, embora, nunca possa ser totalmente abolida, só recuará quando estivermos em conformidade com as normas, tendo recuperado, assim, "o propósito da existência do homem".[4]

A mazela que afeta os adolescentes perpétuos de nossa "Civilização do Espetáculo" criou gerações de criaturas que temem encontrar a Verdade e não reconhecem, deliberadamente ou por ignorância, a existência do Bem e do Belo, preferindo a ilusão confortante oferecida tanto pelas falsas promessas de ideólogos ou demagogos quanto pelos ilusórios confortos medíocres. Entorpecidos pelo ópio da ideologia ou embriagados pelo absinto do hedonismo relativista, os homens ocos de nossa época são netos da "Idade da Razão" e filhos da "Era da Informação". Fundado nas percepções reducionistas da ideologia do cientificismo,[5] durante a Idade da Razão houve um gradativo processo de substituição do ideal de sabedoria proposto pela Filosofia Clássica por um tipo de conhecimento prático que deu ensejo para que esse mesmo saber utilitário, posteriormente, fosse subjugado pela informação, que veio a se tornar o instrumento de dominação dos manipuladores e o entretenimento dos manipulados. Na Era da Informação, a promessa de aproximar as pessoas por meio das novas tecnologias, paradoxalmente, está afastando os seres humanos ao criar o novo vício de indivíduos conectados ao mundo virtual, mas desconectados da realidade.

Nesta terra desolada, em que a mente dos homens ocos é inebriada por ideologias ou pelo relativismo, não há possibilidade de compromisso intelectual com a Verdade, apenas com a opinião da maioria; aí a informação pode ser apropriada e manipulada como melhor aprouver aos desejos subjetivos. Nesse contexto, a moralidade perde qualquer relação

[4] Ibidem, p. 1002-03.

[5] A ideologia do cientificismo, bem como uma análise das tensões entre permanências e mudanças à luz tanto do conservadorismo de Russell Kirk quanto da perspectiva da Escola Austríaca de Economia são discutidos de modo mais detalhado em: Alex Catharino, "A Escola Austríaca entre a Tradição e a Inovação". *MISES: Revista Interdisciplinar de Filosofia, Direito e Economia*, vol. I, n. 2, jul.-dez. de 2013, p. 305-23.

com os absolutos morais, com as noções de certo e errado cuja aplicação passa a ser mera questão de preferência e de escolhas individuais; a linguagem perde o sentido, transforma-se na *"novafala"* do politicamente correto, em que palavras passam a significar o que deseja o arbítrio de quem as profere, fazendo com que os debates sobre qualquer temática não mais se submetam à razão e aos fatos objetivos, que são substituídos por opiniões subjetivas expressas em jargões; e, também, a lógica argumentativa, na maioria das vezes, cede espaço às ofensas pessoais e ao sentimentalismo. Nessas circunstâncias, vemos desvencilhados, na produção artística, os padrões estéticos objetivos da "grande arte"; acusados de elitismo, são substituídos por critérios subjetivos, justificados ideologicamente pela nova classe dos críticos de arte ou pelas demandas mercadológicas das massas, muitas delas criadas artificialmente. Guiado pelo reformismo pedagógico, o propósito da educação deixa de ser a busca pelo autoconhecimento e pelo entendimento do sentido das coisas, essenciais ao ordenamento da alma e da comunidade política, e passa a assumir, confusamente, um caráter ideológico de adestramento voltado à promoção pessoal, treinamento técnico, sociabilidade, socialização, certificação profissional e interesses dos governantes. Igualmente, os bons costumes aprendidos no exercício disciplinado das virtudes, sustentadas pelo senso religioso e pelo espírito de cavalheirismo, nutridos pela imaginação moral e pela educação liberal, são descartados como moda ultrapassada e dão lugar ao barbarismo. O necessário equilíbrio político entre direitos e deveres bem como a meritocracia são substituídos pela ideologia do democratismo, que transforma a comunidade de cidadãos numa massa de indivíduos apáticos, preocupados apenas com as mesquinhas vantagens da barganha com o Estado, transformado num poder onipotente, controlado por políticos inescrupulosos e pela burocracia opressora, que passa a regular todos os aspectos da vida social.

Em suma, estes são os males de nossa era, tal como apresentados nos escritos de Russell Kirk. No entanto, o conservadorismo kirkiano não deve ser tomado como uma mensagem desesperada ou pessimista, visto que o autor nutria certas esperanças na luta pela restauração e pela preservação das normas que informam as verdades acerca da natureza humana e da organização social promovida pelos conservadores dispostos a assumir o papel de guardiões da ordem, da liberdade e da justiça. Tal percepção é apresentada em sua melhor formulação no livro *The Politics of Prudence* [A Política da Prudência], lançado originalmente em 1993, quando Kirk exorta:

> Crede naquilo que homens e mulheres de sabedoria, ao longo das eras, acreditaram em termos de fé e moralidade, e encontrareis uma base firme sobre a qual vos deveis postar enquanto os ventos da doutrina uivarem ao vosso redor.
>
> O que *é* tudo isso – este mundo confuso de coisas materiais resplandecentes e de pavorosa decadência pessoal e social? Descobri que é um mundo real, não obstante os vícios: um mundo real, em que ainda podemos desenvolver e exercitar as virtudes possíveis da coragem, da prudência, da temperança e da justiça; a própria fé, a esperança e a caridade. Sofrereis quedas no mundo, Deus sabe; mas também podereis gozar de triunfos. É um mundo em que tanta coisa precisa ser feita que ninguém deveria estar entediado.
>
> Toda a criação que nos circunda é o jardim de que nós, humanos falíveis, fomos destinados a cuidar. Plantai algumas flores ou árvores, caso possais, e arrancai algumas ervas daninhas. Não creiais que a política lamentável de colocar-vos em primeiro lugar levar-vos-á às portas do Céu. Não deixeis de lembrar que a consciência é uma perpétua aventura. Não ignoreis a sabedoria das eras, a democracia dos mortos.
>
> Aqueles dentre nós que aspiram a conservar a ordem, a justiça e a liberdade herdadas, nosso patrimônio de sabedoria, beleza e gentileza, têm um duro caminho pela frente – confesso. Muitas vozes declaram que a vida não vale a pena. Uma multidão de escritores, publicistas e membros da classe comumente chamada "intelectual" informam sombriamente que nós, seres humanos, não somos melhores do que macacos nus, e que a própria consciência é uma ilusão. Tais pessoas insistem em que a vida não tem propósito algum, a não ser a

gratificação sensual; que a breve duração de nossa existência física é tudo o que há e o fim de tudo. Esses sofistas do século XX criaram nas escuras cavernas do intelecto um Mundo Inferior; e esforçam-se em nos convencer de que não há um sol – de que o mundo de maravilhamento e de esperança não existe em lugar algum, e nunca existiu. [...]

Tais doutrinas do desespero, vós, da geração que surge, devereis confrontar e refutar.[6]

*"Assim deve o amante lutar pelas palavras".*[7] Esse trecho de um dos diálogos finais da peça *The Elder Stateman* [O Velho Estadista], de T. S. Eliot, pode ser tomado como mote da necessária luta dos verdadeiros guardiões da ordem, da liberdade e da justiça. Os desvios ideológicos da modernidade pervertem a linguagem, impossibilitando o entendimento do correto sentido do que são a natureza humana e o ordenamento social mais apropriado. Como expresso no poema "Burnt Norton", o primeiro dos *Four Quartets* [Quatro Quartetos]:

> As palavras se distendem,
> Estalam e muitas vezes se quebram, sob a carga,
> Sob a tensão, tropeçam, escorregam, perecem,
> Apodrecem com a imprecisão, não querem manter-se no lugar,
> Não querem ficar quietas. Vozes estridentes,
> Irritadas, zombeteiras, ou apenas tagarelas,
> Sem cessar as acuam. A palavra no deserto
> É mais atacada pelas vozes da tentação,
> A sombra soluçante da funérea dança,
> O clamoroso lamento da quimera inconsolada.[8]

---

[6] Russell Kirk, *A Política da Prudência*. Apres. Alex Catharino; Intr. Mark C. Henrie; Trad. Gustavo Santos e Márcia Xavier de Brito. São Paulo, É Realizações, 2013, p. 346-47.

[7] T. S. Eliot, *O Velho Estadista*, p. 697. Ao longo de todo o livro, as peças de teatro de T. S. Eliot serão citadas nas traduções em português de Ivo Barroso, publicadas na seguinte edição bilíngue: T. S. Eliot, *T. S. Eliot: Obra Completa – Volume II: Teatro*. Trad. Ivo Barroso. São Paulo, Arx, 2004.

[8] Idem, "Burnt Norton", V, 158-68. In: *T. S. Eliot: Obra Completa – Volume I: Poesia*, op. cit., p. 341.

A cruzada intelectual travada por Russell Kirk, e apresentada por ele mesmo em sua autobiografia *The Sword of Imagination: Memoirs of a Half-Century of Literary Conflict*[9] [A Espada da Imaginação: Memórias de Meio Século de Conflito Literário], foi uma luta em busca da restauração do entendimento das palavras contra os desertos criados pelo processo de "desagregação normativa". Atualmente o conflito literário dos conservadores esclarecidos não deve ser orientado apenas pelo discurso, mas, sobretudo, pelo exemplo de alguns remanescentes da antiga ordem, como T. S. Eliot ou Russell Kirk, que, ainda em nossos dias, podem servir como modelos críveis.

Nesse sentido, o objetivo principal de nosso livro *Russell Kirk – O Peregrino na Terra Desolada* é apresentar de modo introdutório o pensamento kirkiano, integrando o legado intelectual com o testemunho pessoal. O subtítulo da obra foi retirado do posfácio "Peregrinos na Terra Desolada", incluído a partir da reedição de 1984 no já citado *A Era de T. S. Eliot*. Sem descuidar do conjunto da produção intelectual de Kirk, nossa análise focará essa obra, visto que:

> Além de ser a melhor biografia intelectual de T. S. Eliot, o livro pode ser considerado a obra-prima de Russell Kirk, pois, ao tomar como fio condutor o pensamento eliotiano assim como a biografia e contexto histórico do literato, estrutura e condensa várias ideias da própria visão kirkiana sobre natureza humana, cultura, educação, história, sociedade e política, ressaltando o modo como a produção artística eliotiana sempre esteve em um grande diálogo com a tradição, principalmente com os escritos de Virgílio (70 a.C.-19 a.C.), Dante Alighieri (1265-1321) e William Shakespeare (1564-1616).[10]

---

[9] Russell Kirk, *The Sword of Imagination: Memoirs of a Half-Century of Literary Conflict*. Grand Rapids, William B. Eerdmans Publishing Company, 1995.

[10] Alex Catharino, "A Formação e o Desenvolvimento do Pensamento Conservador de Russell Kirk". In: Russell Kirk, *A Política da Prudência*, op. cit., p. 346-47.

O pensamento de Russell Kirk algumas vezes é erroneamente reduzido ao livro *The Conservative Mind*[11] [A Mentalidade Conservadora], por conta da grande influência que a obra exerceu na formação do movimento conservador moderno ao sistematizar os princípios fundamentais, apresentar a genealogia e recuperar a dignidade dessa corrente política junto à opinião pública norte-americana.[12] No entanto, acreditamos que muito do que a maioria das pessoas busca em *The Conservative Mind* não pode ser encontrado nessa obra, mas em *A Política da Prudência*, que fornece um panorama do estágio final das reflexões do autor sobre temas sociais e políticos. Esta, tomada juntamente com a coletânea póstuma *Redeeming the Time*[13] [Redimir o Tempo], passa a ser a melhor introdução ao conservadorismo político e cultural kirkiano.

Tanto em *The Conservative Mind*[14] quanto em *A Política da Prudência*[15] e em *Redeeming the Time*,[16] Russell Kirk dedica um espaço considerável à análise do pensamento eliotiano, que passa a ocupar um lugar de destaque no conjunto de sua obra. Por causa desse fator, ao longo do presente livro, nossa ênfase será no modo como a poesia,

---

[11] O livro, que será lançado em português pela É Realizações Editora, foi publicado originalmente, em 1953, pela Regnery Publishing com o título *The Conservative Mind: From Burke to Santayana* [A Mentalidade Conservadora: De Burke a Santayana]. A partir da segunda edição a obra passou a ter como subtítulo *From Burke to Eliot* [De Burke a Eliot]. Ao longo do presente livro, citaremos a edição definitiva em inglês, que é a seguinte: Russell Kirk, *The Conservative Mind: From Burke to Eliot*. 7. ed. rev. Washington, Regnery Publishing, 1986.

[12] Um panorama histórico do surgimento e do desenvolvimento do pensamento conservador norte-americano, destacando o papel de Russell Kirk para a corrente, é apresentado em: George H. Nash, *The Conservative Intellectual Movement in America: Since 1945*. 2. ed. rev. Wilmington, ISI Books, 1996. Para uma visão histórica da maneira como o conservadorismo, como doutrina, foi aplicado na prática política, ver: Lee Edwards, *The Conservative Revolution: The Movement That Remade America*. New York, Free Press, 1999.

[13] Russell Kirk, *Redeeming the Time*. Ed. e intr. Jeffrey O. Nelson. Wilmington, ISI Books, 1996.

[14] Idem, *The Conservative Mind*, op. cit., p. 457-501.

[15] Idem, *A Política da Prudência*, op. cit., p. 161-76.

[16] Idem, *Redeeming the Time*, op. cit., p. 68-86.

as peças de teatro e os ensaios críticos de T. S. Eliot, ao lado do pensamento conservador de Edmund Burke, são uma chave de interpretação fundamental dos aspectos mais profundos do conservadorismo político e cultural kirkiano.

O presente livro é lançado no mesmo ano em que é celebrado o cinquentenário da morte de T. S. Eliot, falecido em 4 de janeiro de 1965. No último meio século, nenhum analista compreendeu melhor a obra eliotiana que Russell Kirk, visto que, diferentemente dos livros ou ensaios de outros críticos, não apenas abordou o estilo, as fontes, a capacidade de inovação literária ou a biografia do poeta, dramaturgo e ensaísta, mas adentrou nos princípios políticos, nas ideias sociais, nas concepções culturais e na ortodoxia cristã de Eliot, examinando com maestria a significância de tais convicções para nossa época, ao mesmo tempo que iluminou de modo mais intenso o próprio modelo de conservadorismo que defendeu.

Do mesmo modo que a presente introdução, o título de cada um dos capítulos deste livro foi retirado de algum trecho da poesia ou das peças de teatro de T. S. Eliot. O primeiro capítulo (*"O destino do homem é o trabalho contínuo"*)[17] apresentará de modo sintético a biografia de Russell Kirk. As linhas gerais do pensamento cultural e político kirkiano serão o objeto do segundo capítulo (*"A comunicação dos mortos"*).[18] A influência e o lugar do pensamento eliotiano no conservadorismo de Kirk serão tratados no terceiro capítulo (*"Onde a palavra ressoará?"*).[19] O quarto capítulo (*"É o fardo que lhe foi destinado"*)[20] discorrerá sobre a análise das obras de Eliot elaborada por Kirk. Uma seleção ilustrativa de textos de Kirk sobre Eliot comporá o quinto ca-

---

[17] T. S. Eliot, *Coros de "A Rocha"*. I, 46. In: *T. S. Eliot: Obra Completa – Volume I: Poesia*, op. cit., p. 291.

[18] Idem, "Little Gidding". I, 52-53. In: *T. S. Eliot: Obra Completa – Volume I: Poesia*, op. cit., p. 375.

[19] Idem, *Quarta-feira de Cinzas*. V, 167-168. In: *T. S. Eliot: Obra Completa – Volume I: Poesia*, op. cit., p. 201.

[20] Idem, *Cocktail Party*. In: *T. S. Eliot: Obra Completa – Volume II: Teatro*, op. cit., p. 415.

pítulo ("*Com tais fragmentos foi que escorei minhas ruínas*").[21] Por fim, teremos uma breve conclusão ("*O fim será simples, rápido, oportuno*").[22]

Sem perder o caráter eminentemente didático de uma obra introdutória ao pensamento de um autor contemporâneo, de acordo com a proposta da Biblioteca Crítica Social, nosso trabalho apresenta certas inovações na análise do conservadorismo de Russell Kirk se comparado com outros escritos sobre a mesma temática. Além do enfoque no livro *A Era de T. S. Eliot* e nas inter-relações entre o *corpus* eliotiano e o conservadorismo kirkiano, a presente pesquisa também utilizou como documentação uma parcela significativa do acervo que se encontra nos arquivos do Russell Kirk Center for Cultural Renewal, como, por exemplo, a correspondência trocada entre Kirk e Eliot, os diversos artigos de Kirk sobre Eliot dispersos em publicações distintas e, em especial, os textos inéditos de algumas conferências de Kirk acerca de diferentes aspectos da produção artística ou crítica de Eliot, bem como os relatos da viúva, das quatro filhas e de ex-alunos de Kirk. No caso específico dos textos inéditos das conferências, vale ressaltar que tal material nunca antes foi objeto de estudo de nenhum pesquisador.

Esperamos que o pensamento, as criações literárias e, acima de tudo, os testemunhos de T. S. Eliot e de Russell Kirk sirvam como inspiração para que os peregrinos de nossa terra desolada não se tornem homens ocos e trilhem a jornada em busca da redescoberta das antigas verdades, pois "o que aprendemos com esses homens falecidos, 'todos marcados por um só gênio comum', é o mistério da Providência e a continuidade da sociedade".[23]

---

[21] Idem, *A Terra Desolada*. V, 441. In: *T. S. Eliot: Obra Completa – Volume I: Poesia*, op. cit., p. 167.

[22] Idem, *Assassínio na Catedral*. In: *T. S. Eliot: Obra Completa – Volume II: Teatro*, op. cit., p. 27.

[23] Russell Kirk, *A Era de T. S. Eliot*, op. cit., p. 491.

# 1. "O DESTINO DO HOMEM É O TRABALHO CONTÍNUO": A BIOGRAFIA DE RUSSELL KIRK

"Eu sou o que sou, e isso é tudo o que sou",[1] foi assim que Russell Kirk se autodefiniu usando a expressão do herói de infância, o marinheiro Popeye, personagem criada em 1929 pelo cartunista E. C. Segar (1894-1938). A máxima nos recorda as palavras do filósofo espanhol José Ortega y Gasset (1883-1955), quando, no livro *Meditaciones del Quijote* [Meditações do Quixote], de 1914, afirma: "Eu sou eu e minha circunstância e se não salvo a ela, não salvo a mim".[2]

O pensamento kirkiano, de certo modo, é caudatário das experiências vivenciadas pelo autor na jornada que trilhou na terra desolada empunhando a espada da imaginação contra as tolices do tempo. A biografia de Russell Kirk já foi analisada por diferentes pesquisadores; todavia, nenhum texto substitui a precisão factual e a beleza estilística da já citada autobiografia *The Sword of Imagination*, uma narrativa em terceira pessoa que descreve a vida e as principais ideias do autor. Contudo, não devemos nos limitar apenas a essa obra, visto que existem diversos elementos autobiográficos a permear os inúmeros escritos de Kirk, o que, em parte, torna o entendimento mais amplo de tais obras dependente do contexto em que foram produzidas e das peculiaridades do autor.

---

[1] Russell Kirk, *The Sword of Imagination*, op. cit., p. xii.

[2] José Ortega y Gasset, *Meditações do Quixote*. Trad. Gilberto de Mello Kujawski. São Paulo, Iberoamericana, 1967, p. 52.

A personalidade de Russell Kirk caracterizava-se pela timidez, humildade, sinceridade e gentileza, particularidades que, no entanto, não o impediram de ser um firme e enérgico defensor das verdades apreendidas pelos estudos e pelas experiências pessoais. No ensaio "Reflections of a Gothic Mind" [Reflexões de uma Mente Gótica], uma breve autobiografia publicada na coletânea *Confessions of a Bohemian Tory: Episodes and Reflections of a Vagrant Career* [Confissões de um *Tory* Boêmio: Episódios e Reflexões de uma Carreira Errante], afirmou ser ao mesmo tempo um *tory*, "afeiçoado à ortodoxia da Igreja e do Estado", e um boêmio, "errante e muitas vezes sem dinheiro, homem das letras e das artes, indiferente às fraquezas e aos modismos burgueses".[3]

Os escritos e os discursos de Russell Kirk se destacam pela versatilidade, clareza, objetividade, profundidade, erudição e elegância estilística, associados a uma grande lógica argumentativa e excepcional capacidade em compreender o modo como os problemas atuais da civilização ocidental estão diretamente relacionados ao contexto cultural e à experiência histórica, o que proporciona uma prosa única e saborosa. Graças a tais peculiaridades no estilo literário, pouco usuais no mundo contemporâneo, acrescidas dos traços de caráter do autor, Russell Kirk foi denominado o "Cavaleiro da Verdade" pelo filósofo Gerhart Niemeyer[4] (1907-1997), o "Marco Túlio Cícero (106 a.C.-43 a.C.) norte-americano" pelo historiador Forrest McDonald[5] e o "Santo Agostinho (354-430) de nossa era" pelo cientista político e historiador Jeffrey O. Nelson.[6]

---

[3] Russell Kirk, *Confessions of a Bohemian Tory: Episodes and Reflections of a Vagrant Career*. New York, Fleet Publishing Corporation, 1963, p. 3.

[4] Gerhart Niemeyer, "Knight of Truth". *The University Bookman*, v. XXXIV, n. 2, 1994, p. 6-7.

[5] Forrest McDonald, "Russell Kirk: The American Cicero". In: James E. Person Jr. (ed.), *The Unbought Grace of Life: Essays in Honor of Russell Kirk*. Peru, Sherwood Sugden & Company, 1994, p. 15-18.

[6] Jeffrey O Nelson, "An Augustine for Our Age". *The University Bookman*, v. XXXIV, n. 2, 1994, p. 13-15.

Diferentemente da maioria dos intelectuais contemporâneos, Russell Kirk teve uma existência integrada, em que os escritos e a atuação pública se harmonizaram com a vida privada, fazendo que muitas vezes a própria vivência de determinadas experiências fosse utilizada como exemplo nos argumentos em defesa da causa conservadora. Suas convicções foram expressas, também, pelo modo exemplar como desempenhou os papéis de marido, pai de quatro meninas, amigo e orientador de vários jovens pesquisadores; tal combinação torna o conhecimento da imaginação kirkiana inseparável da biografia desse importante ícone do pensamento conservador.[7]

Russell Amos Kirk nasceu em 19 de outubro de 1918, na cidade de Plymouth, próxima a Detroit, no sudeste de Michigan. Era o filho primogênito do maquinista de trem Russell Andrew Kirk (1897-1981) e da garçonete Marjorie Rachel Pierce Kirk (1895-1943), que, também, foram os pais da menina Carolyn, nascida em 9 de setembro de 1925. O menino herdou do pai o ceticismo em relação às teorias sociais abstratas, a indiferença aos modismos e o apreço pela sabedoria do senso comum. A mãe contribuiu decisivamente no despertar da imaginação do filho pela leitura dos contos de fadas e histórias, tendo estimulado nele o gosto pela leitura de obras literárias. Outra figura que exerceu grande influência na formação de Kirk durante os primeiros anos de vida foi o avô materno Frank H. Pierce (1867-1931), que tanto pelo exemplo quanto pela amizade fez o neto se interessar pelos estudos, principalmente o de História. O gosto pela poesia foi adquirido por intermédio da mãe, da avó materna Eva Johnson Pierce (1871-1953) e da bisavó Estella Russell Johnson (1848-1936).

Em 1923, Russell Kirk ingressou na Starkweather School para cursar o ensino fundamental e concluiu, em 1936, a formação

---

[7] Em língua portuguesa, a relação entre a produção intelectual e a biografia de Russell Kirk foi analisada de modo extenso no seguinte ensaio: Alex Catharino, "A Vida e a Imaginação de Russell Kirk". In: Russell Kirk, *A Era de T. S. Eliot*, op. cit., p. 11-104.

secundária na Plymouth High School. Entre 1936 e 1940, fez os estudos superiores na atual Michigan State University (MSU), em East Lansing, onde obteve o B.A. em História, profundamente influenciado pelo professor John Abbot Clark (1903-1965), que ministrava os cursos de Crítica Literária e de História da Crítica. Em 1940 iniciou o mestrado na Duke University, em Durham na Carolina do Norte, sob a orientação dos professores Charles S. Sydnor (1898-1954), de História, e Jay B. Hubbell (1885-1979), de Literatura, recebendo, em 1941, o M.A. em História com uma dissertação sobre o pensamento político do estadista virginiano John Randolph (1773-1833) de Roanoke, publicada como seu primeiro livro, sob o título *John Randolph of Roanoke: A Study in Conservative Thought*[8] [John Randolph de Roanoke: Um Estudo sobre o Pensamento Conservador].

A ideia original de cursar o doutorado na Duke University foi frustrada devido ao ingresso dos Estados Unidos na Segunda Guerra Mundial, o que fez Russell Kirk ser convocado pelo exército para servir entre 1942 e 1946, executando serviços burocráticos, sob a patente de sargento. Após receber a baixa no exército, foi contratado para o cargo de professor de História da Civilização na MSU. Em 1948 iniciou os estudos para o doutorado na University of St. Andrews, na Escócia, por onde recebeu, em 1952, o título de Literatum Doctorem, grau mais elevado concedido pela instituição escocesa, com uma tese que serviu de base para o famoso livro *The Conservative Mind*. O trabalho foi avaliado pelo historiador John William Williams (1885-1957) e pelo filósofo Sir Thomas Malcolm Knox (1900-1980), ambos professores da University of

---

[8] Russell Kirk, *John Randolph of Roanoke: A Study in Conservative Thought*. Chicago, University of Chicago Press, 1951. A partir da segunda edição, publicada em 1964 pela Henry Regnery Company, o autor mudou o subtítulo da obra para *A Study in American Politics* [Um Estudo de Política Americana] e incluiu como anexo ao livro uma seleção de cartas e de discursos de John Randolph. Em 1978 a Liberty Press publicou a terceira edição revista e ampliada da obra. Postumamente apareceu a seguinte edição revista e ampliada pelo autor: Russell Kirk, *John Randolph of Roanoke: A Study in American Politics – With Selected Speechs and Letters*. 4. ed. Indianapolis, Liberty Fund, 1997.

St. Andrews, junto com o historiador e jurista William Lawrence Burn (1904-1966) da Durham University. O projeto inicial de Kirk era escrever uma tese sobre o pensamento político de Edmund Burke; todavia, os profundos estudos realizados, sem a orientação de nenhum professor,[9] permitiram-lhe fazer um longo e erudito trabalho que une, ao mesmo tempo, os campos da História das Ideias Políticas e da Crítica Literária, no qual é abordado o desenvolvimento do conservadorismo britânico e norte-americano a partir do pensamento burkeano. O livro, que não pretendia ser um escrito político, recebeu enorme destaque na imprensa e reconhecimento pelo nascente movimento conservador norte-americano, criando a fama do autor.[10]

Meses antes da publicação de *The Conservative Mind*, Russell Kirk se questionou a respeito da continuidade no trabalho bem remunerado de professor universitário em um ambiente de "barbarismo acadêmico" e decidiu demitir-se da MSU devido ao comprometimento desta com a degradação educacional promovida pelo dogma democrático, manifesta na ampliação maciça dos corpos discente e docente, na eliminação nos currículos de parte significativa das poucas disciplinas voltadas para a formação clássica, na redução do nível de exigência na avaliação dos alunos e na falta de preocupação com a qualificação dos professores, fatores que o levaram a denominar a instituição de "Universidade Behemoth".[11]

[9] Russell Kirk, William H. Mulligan Jr. and David B. Schock, "Interview with Russell Kirk". *Continuity: A Journal of History*, n. 18, Spring / Fall 1994, p. 1-12.

[10] Além dos já citados livros *The Conservative Intellectual Movement in America*, de George H. Nash, e *The Conservative Revolution*, de Lee Edwards, para uma análise da importância do pensamento de Russell Kirk para a formação e o desenvolvimento do movimento conservador norte-americano, ver o seguinte ensaio: Alex Catharino, "A Formação e o Desenvolvimento do Pensamento Conservador de Russell Kirk". In: Russell Kirk, *A Política da Prudência*, op. cit., p. 11-57.

[11] Russell Kirk, *Confessions of a Bohemian Tory*, op. cit., p. 24-27; Idem, *The Sword of Imagination*, op. cit., p. 153-56. Ver também: Idem, *A Política da Prudência*, op. cit., p. 301-12.

Ao ser aconselhado a reconsiderar tal decisão pelo editor Henry Regnery (1912-1996), respondeu em carta, datada de 13 de outubro de 1953, com as seguintes palavras:

> A pobreza nunca me incomodou; posso viver com quatrocentos dólares por ano, se for preciso. Tempo para pensar e liberdade de ação são-me muito mais importantes no presente que qualquer possível vantagem econômica. Sempre tive de viver à custa de meus esforços, sofrendo a oposição, e não tendo o amparo, dos tempos e dos homens que conduzem as coisas para nós, e não me importo em continuar dessa maneira.[12]

A demissão da MSU acarretou a mudança de East Lansing para a pequena cidade de Mecosta, no oeste de Michigan, onde viveu por mais de cinquenta anos em Piety Hill, a casa ancestral da família. Após o incidente, o "Mago de Mecosta", denominação que gostava de utilizar para se referir a si mesmo,[13] continuou lecionando esporadicamente, até o final da década de 1980, em diferentes instituições de ensino superior; contudo, as principais atividades profissionais de Kirk foram como escritor, jornalista, editor e conferencista.

O início da carreira como colunista regular teve início quando aceitou o convite do escritor William F. Buckley Jr. (1925-2008) para escrever na nascente *National Review* a coluna "From the Academy" [Da Academia], que apareceu na primeira edição em 19 de novembro de 1955 e foi publicada até 17 de outubro de 1980, quando decidiu cessar sua colaboração regular com o periódico, escrevendo apenas ocasionalmente artigos, obituários e resenhas de

---

[12] Henry Regnery, "Russell Kirk and the Making of *The Conservative Mind*". *Modern Age*, vol. 21, n. 4, Fall 1977, p. 338-53. Cit. p. 352.

[13] Russell Kirk, *The Surly Sullen Bell: Ten Stories and Sketches, Uncanny or Uncomfortable, with A Note on the Ghostly Tales*. New York, Fleet Publishing Corporation, 1962; Louis Filler, "The Wizard of Mecosta: Russell Kirk of Michigan". *Michigan History*, vol. 63, n. 5, Sept.-Oct. 1979, p. 12-18; M. E. Bradford, "The Wizard of Mecosta". *National Review*, vol. XXXII, n. 25, Dec. 12, 1980, p. 1513-14.

livros.¹⁴ Junto com o editor Henry Regnery e com o gerente editorial David S. Collier (1923-1983) fundou, em 1957, o periódico trimestral *Modern Age*, em que ocupou o cargo de editor até 1959, quando deixou o posto por divergências intelectuais com Collier. Visando a difundir livros conservadores, fundou, em 1960, o periódico trimestral de resenhas *The University Bookman*, que editou até a morte. Em 30 de abril de 1962 foi publicado o primeiro artigo da coluna diária "To the Point" [Direto ao Ponto], escrita por Kirk como jornalista sindicalizado e lançada até 29 de junho de 1975 em diferentes jornais de todo o país.¹⁵ De 1988 a 1994 coordenou *The Library of Conservative Thought* [A Biblioteca de Pensamento Conservador], uma coleção de livros de autores conservadores clássicos e contemporâneos publicada pela Transaction Publishers, para a qual escreveu prefácios ou introduções na maioria dos mais de trinta títulos lançados.

Em uma conferência na cidade de Nova York patrocinada pela organização anticomunista Aware, em fevereiro de 1960, na qual foi um dos palestrantes, Russell Kirk conheceu a bela e inteligente jovem conservadora Annette Yvonne Cecile Courtemanche, nascida em 20 de maio de 1940, com quem, após o cultivo de uma profunda amizade e de uma longa troca de correspondências, casou-se em 19 de setembro de 1964.¹⁶ Os principais frutos dessa união foram as quatro filhas do casal, a saber: Monica Rachel, nascida em 23 de julho de 1967;

---

[14] A história da *National Review* e a importância da revista para o movimento conservador norte-americano, ressaltando em várias partes o papel de Russell Kirk como inspirador e colaborador do periódico, são narradas em: Jeffrey Hart, *The Making of the American Conservative Mind:* National Review *and its Times*. 2. ed. Wilmington, ISI Books, 2006.

[15] A coluna "To the Point" foi objeto da seguinte dissertação de mestrado: Thomas Chesnutt Young, *Russell Kirk's Column "To The Point": Traditional Aspects of Conservatism*. Johnson City, East Tennessee State University, 2004.

[16] O início do relacionamento entre Annette Courtemanche e Russell Kirk é narrado em: Annette Kirk, *Life with Russell Kirk*. Washington D.C., Heritage Foundation, 1995. p. 1-2. (The Hetitage Lectures, 547). Ver também: Russell Kirk, *The Sword of Imagination*, op. cit., p. 261-71, 288-92.

Cecilia Abigail, em 30 de setembro de 1968; Felicia Annette, em 26 de maio de 1970; e Andrea Seton, em 25 de outubro de 1975. Após o casamento, mesmo não tendo descuidado dos estudos e das atividades profissionais, viveu principalmente em função da família, como um marido exemplar e pai atencioso.[17]

O testemunho da família de Annette e a vasta correspondência trocada entre ela e Russell Kirk antes do casamento, na qual a jovem católica respondeu inúmeras questões de fé para o pensador, a amizade do casal representou o passo final num longo caminho de conversão ao catolicismo que já vinha sendo trilhado pelo Cavaleiro da Verdade desde 1948. Apesar das origens ancestrais remontarem aos peregrinos puritanos e aos calvinistas escoceses, os pais de Kirk não pertenciam a nenhuma denominação religiosa e não batizaram o filho, que adotou uma postura cética em relação tanto à religião quanto ao ateísmo, e veio a optar, como prática de vida, por uma espécie de estoicismo agnóstico. Os estudos e as reflexões ofereceram razões para que o Mago de Mecosta desse um salto do ceticismo para a fé, ao mesmo tempo em que a ação como intelectual público o fez adotar inúmeras posições semelhantes às dos fiéis cristãos. No entanto, o fator decisivo que capturou os sentimentos de Kirk em relação à vida religiosa foi o testemunho dado por diferentes amigos. No dia 15 de agosto de 1964, festa da Assunção de Nossa Senhora, foi batizado e recebeu pela primeira vez a Eucaristia na paróquia de Cristo Rei, em Springfield Garden, Nova York. Em 1974, recebeu o sacramento da Confirmação como Russell Amos Augustine Kirk, adotando um nome religioso em memória de Santo Agostinho para testemunhar o processo gradativo pelo qual aceitou a fé católica.[18]

---

[17] Além dos relatos de Russell Kirk em *The Sword of Imagination* e de Annette Kirk em *Life with Russell Kirk* sobre a vida familiar do casal, consultar: Cecilia Kirk Nelson, "A Literary Patrimony". *The University Bookman*, vol. XXXIV, n. 2, 1994, p. 23-28.

[18] Sobre esse longo e complexo processo de conversão, ver: Alex Catharino. "A Vida e a Imaginação de Russell Kirk". In: Russell Kirk, *A Era de T. S. Eliot*, op. cit., p. 46-56.

O casamento com Annette e a conversão ao catolicismo permitiram a Russell Kirk compreender e viver de forma plena a concepção sacramental da realidade que já defendia em seus escritos desde 1948. A vida religiosa, o amor conjugal e a formação de uma nova família foram experiências concretas que refletiram de modo mais intenso nas páginas impressas uma visão de humanidade cheia de cores e mistérios, composta por uma série de tradições e costumes guiados pela Lei Natural. Rejeitou a glória transitória e a fortuna efêmera que poderia ter conquistado nos grandes centros acadêmicos ou nos bastidores da política para viver modestamente em Piety Hill, plantando árvores, cercado de parentes, amigos, alunos, andarilhos e refugiados políticos ou religiosos oriundos do Vietnã, da Polônia, da Tchecoslováquia e da Etiópia. Tal exemplo de hospitalidade o fez comparar a própria residência com Valfenda, o lar de Mestre Elrond, o senhor de Imladris, o sábio e valoroso elfo da trilogia *The Lord of the Rings* [O Senhor dos Anéis] de J. R. R. Tolkien (1892-1973): a "última casa amiga", um lugar de "entendimento, ações e curas, para preservar todas as coisas imaculadas".[19] Contudo, não se omitiu das responsabilidades demandadas pela posição que assumiu na vida pública norte-americana, pois sabia que "o destino do homem é o trabalho contínuo".[20]

Os fortes laços com a vida comunitária de Mecosta, a preocupação com a necessidade de aumento dos padrões educacionais e a atuação no movimento conservador levaram Russell Kirk a ocupar algumas funções administrativas ao longo da vida. Assumiu entre 1960 e 1994 a presidência do The Educational Reviewer Inc., que se tornou, até nossos dias, a mantenedora do periódico *The University Bookman*. Foi eleito juiz de paz, em 1961, da Morton Township, em Mecosta County, Michigan,

---

[19] J. R. R. Tolkien, *O Senhor dos Anéis: A Sociedade do Anel*. Trad. Lenita Maria Rímoli Esteves e Almiro Pisetta. São Paulo, Martins Fontes, 2001. p. 237, 299; p. 284. Essas duas passagens da obra de Tolkien são citadas em: Russell Kirk, *The Sword of Imagination*, op. cit., p. 344.

[20] T. S. Eliot, *Coros de "A Rocha"*. I, 46. In: *T. S. Eliot: Obra Completa – Volume I: Poesia*, op. cit., p. 291.

ocupando o cargo até 1965. De 1979 a 1988 foi diretor do programa de ciências sociais do Educational Research Council of America, com sede em Cleveland, Ohio. Assumiu, em 1979, a presidência da Margucrite Eyer Wilbur Foundation, ocupando o cargo até 1994. Em 1983 foi eleito presidente da Philadelphia Society para o mandato de um ano.

Mesmo tendo citado algumas vezes a afirmação "a política é a preocupação dos semianalfabetos" do literato George Gissing (1857-1903), teve consciência de que a política "não pode ser abandonada totalmente aos semianalfabetos",[21] fator que o levou a se envolver, algumas vezes, com a vida política, mas sempre entendendo tal atividade como a arte do possível e evitando a associação com grupos radicais ou sectários, além de manter um amplo e respeitoso diálogo com inúmeros adversários, sabendo diferenciar as divergências teóricas das relações pessoais. Nessa atuação, Russell Kirk manteve contato com inúmeros políticos de diferentes tendências, vindo a conhecer pessoalmente e a trocar correspondências, entre outros, com o ex-presidente Herbert Hoover (1874-1964), o pacifista e socialista Norman Thomas (1884-1968), o senador republicano Barry Goldwater (1909-1998), o senador democrata Eugene J. McCarthy (1916-2005), o vice-presidente Hubert Humphrey (1911-1978), o congressista republicano e futuro presidente Gerald R. Ford (1913-2006), os presidentes Lyndon B. Johnson (1908-1973), Richard M. Nixon (1913-1994), Ronald Reagan (1911-2004) e George H. W. Bush, bem como o futuro presidente George W. Bush. Nunca utilizou tais contatos para obter vantagens pessoais, tendo declinado dos convites feitos por Nixon e Reagan para assumir postos na administração pública. Ao primeiro, disse ironicamente que "poderia ter tido esse tipo de cargo quando tinha trinta anos, se desejasse", e, brincando com o segundo, afirmou: "Como você deve me odiar para tentar me transformar num burocrata".[22]

---

[21] Russell Kirk, *The Sword of Imagination*, op. cit., p. 167.

[22] Ibidem, p. 435.

A coerência com os princípios defendidos sempre foi mais importante que as aparentes necessidades políticas conjunturais, fator que fez Russell Kirk criticar o uso de bombas nucleares contra o Japão durante a Segunda Guerra Mundial, censurar a atuação do senador republicano Joseph R. McCarthy (1908-1957) e da John Birch Society na perseguição política e na denúncia aos comunistas, defender a liberdade acadêmica irrestrita opondo-se às ideias de William F. Buckley Jr. sobre a temática, notar os defeitos gerados pelo conformismo do chamado *"American Way of Life"* [modo de vida norte-americano], criticar os excessos dos libertários e dos neoconservadores, desaprovar a doutrina da guerra preventiva e a entrada dos Estados Unidos na Guerra do Vietnã, assim como avaliar negativamente o apoio quase incondicional da diplomacia norte-americana a Israel e o envolvimento, direto ou indireto, dos Estados Unidos nos problemas do Oriente Médio, tal como se deu na guerra entre o Irã e Iraque, de 1980 a 1988, nos conflitos no Líbano, em 1983, e na Primeira Guerra do Golfo, em 1991. Kirk apoiou, em 1976, a candidatura independente de Eugene J. McCarthy, por acreditar que não existiam diferenças de programa político entre o republicano Gerald Ford e o democrata Jimmy Carter. Em 1992, assumiu em Michigan a coordenação da campanha presidencial de Patrick Buchanan nas primárias do Partido Republicano como uma forma de expressar a desaprovação às direções tomadas pela administração de George H. W. Bush na política interna e nas relações externas.

O envolvimento de Russell Kirk em causas políticas se manifestou, também, no combate ao avanço do radicalismo anárquico nas universidades, na oposição à utilização do aborto como política de saúde pública ou como direito pleiteado pelo movimento feminista, na luta contra a redução da liberdade religiosa na esfera pública, e no apoio à necessidade de uma reforma educacional pautada no primado da família, na competição de currículos, na diversidade de instituições de ensino com ênfase em escolas privadas independentes e nos estudos clássicos e na instrução dos princípios morais para os alunos. Participou em inúmeros debates nos quais enfrentou, de modo cordial, vários oponentes famosos, como o líder do movimento negro Malcolm X (1925-1965), a filósofa e romancista libertária Ayn Rand (1905-1982), o historiador, crítico social e consultor político democrata Arthur M. Schlesinger Jr. (1917-2007) e o ativista social da "nova esquerda" Tom Hayden, dentre outros. A atuação política de Russell Kirk pode ser resumida numa carta para o amigo e editor Henry Regnery, datada de 6 de dezembro de 1987, em que escreveu:

> Os livros históricos, os escritos polêmicos, a crítica literária e mesmo a ficção que produzi tinham o intuito de resistir às paixões ideológicas que têm devastado a civilização desde 1914 [...]. Nadei contra a corrente da opinião dominante. Ao ver se aproximar meu septuagésimo aniversário, estou deveras surpreso de não ter sido lançado ao abismo profundo; de fato, fiz algum progresso contra a maré ideológica e os ferozes apetites de nossa época.
>
> Portanto, a próxima década (e talvez a última) de minha vida será usada, como as décadas anteriores, no combate às desordens intelectual e social. [...]. Pretendo concluir minhas memórias [...]. De certo modo, [...] não perdi as esperanças em nós mesmos, confusas criaturas deste mundo.[23]

Nos últimos anos de vida, Russell Kirk deu continuidade à luta intelectual que travou, escrevendo novos trabalhos e participando de debates ou ministrando inúmeras palestras em diferentes instituições, mesmo com o enfraquecimento de sua saúde. Em 16 de fevereiro de

---

[23] A correspondência completa trocada entre Henry Regnery e Russell Kirk, entre as décadas de 1950 e 1990, encontra-se arquivada na Hoover Institution Library and Archives da Stanford University, em Palo Alto, na Califórnia. Fotocópias de toda essa vasta correspondência entre Kirk e Regnery fazem parte do acervo dos arquivos do The Russell Kirk Center for Cultural Renewal.

1994, uma Quarta-Feira de Cinzas, foi informado, numa consulta médica, de que sofria de insuficiência cardíaca congestiva e, portanto, teria poucas semanas de vida. Diante da notícia aproveitou o tempo que lhe restava para continuar o trabalho na organização da coletânea *Redeeming the Time*, além de escrever o texto "Is Life Worth Living?" [A Vida Vale a Pena?], o epílogo da autobiografia *The Sword of Imagination*. Ao questionar o sentido da existência humana, o Mago de Mecosta relembra a importância dos pais na formação do caráter, ressalta o papel da crença na transcendência para a sobrevivência da civilização e defende que o homem é feito para a eternidade. No texto define-se como alguém que foi ao mesmo tempo pré-moderno e pós-moderno, além de fazer a seguinte reflexão:

> A presente vida na Terra, muitas vezes o vislumbrara Kirk, é efêmera, duvidosa, mais parecida com uma arena que com um palco: alguns homens estão destinados a ser gladiadores ou cavaleiros andantes, não meros jogadores erradios. De espadas desembainhadas, postam-se na planície umbrosa em defesa de todos e contra tudo; quão bem eles se conduzirem em tal luta mortal determinará que condição poderão atribuir à incorrupção. Não obstante os próprios pecados omissivos e comissivos, na arena do arruinado século XX, Kirk soara a trombeta, empunhara a espada da imaginação e pudera investir contra as tolices do tempo.[24]

Russell Kirk faleceu serenamente em Piety Hill na presença dos familiares, por volta das 10 horas da manhã do dia 29 de abril de 1994. Uma missa de réquiem foi celebrada em 3 de maio na Cathedral of St. Andrew, em Grand Rapids, e missas em sua memória também foram realizadas na St. Joseph's Church, em Washington D.C., e na St. Patrick's Cathedral, em Nova York. O Cavaleiro da Verdade foi sepultado no cemitério da paróquia católica de St. Michael, em Remus,

---

[24] Russell Kirk, *The Sword of Imagination*, op. cit., p. 475-76.

Michigan. Atrás da cova, a viúva e as quatro filhas plantaram uma de suas amadas árvores e mandaram erigir uma grande lápide de granito negro em forma de ogiva gótica, onde se lê: "Russell Kirk / 1918-1994 / Man of Letters" e o seguinte trecho dos versos de T. S. Eliot em "Little Gidding", o último dos *Four Quartets* [Quatro Quartetos], tantas vezes repetidos por Russell Kirk: *"A comunicação dos mortos se propaga – língua de fogo – para além da linguagem dos vivos"*.[25]

O brilhantismo intelectual de Russell Kirk foi amplamente reconhecido em vida. Recebeu doze doutorados *honoris causa* de diferentes instituições de ensino superior nas áreas de Literatura, Direito e Jornalismo. No entanto, a maior honra prestada foi oferecida pelo presidente Reagan, quando em 18 de janeiro de 1989 o condecorou com a Presidential Citizen's Medal for Distinguished Service to the United States [Ordem de Mérito da Presidência por Eminentes Préstimos aos Estados Unidos], afirmando que:

> Como profeta do conservadorismo norte-americano, Russell Kirk ensinou e inspirou uma geração. De sua sublime e elevada posição em Piety Hill, ele penetrou profundamente nas raízes dos valores americanos, escrevendo e editando trabalhos centrais de filosofia política. Sua contribuição intelectual foi um profundo ato de patriotismo.[26]

---

[25] T. S. Eliot, "Little Gidding". I, 52-53. In: *T. S. Eliot: Obra Completa – Volume I: Poesia*, op. cit., p. 375.

[26] Transcrevemos a referida passagem do documento original que se encontra nos arquivos da biblioteca do The Russell Kirk Center for Cultural Renewal.

## 2. "A COMUNICAÇÃO DOS MORTOS": O PENSAMENTO CULTURAL E POLÍTICO DE RUSSELL KIRK

Na cruzada que moveu contra os erros ideológicos da modernidade em um "trabalho contínuo" como homem de letras, Russell Kirk nos legou cerca de 3 mil artigos de opinião para jornais, 814 artigos acadêmicos, 255 resenhas de livros, 68 prefácios ou introduções para obras de outros autores, 23 livros ou coletâneas de ensaios acadêmicos, 3 romances e 22 contos de terror, publicados em diversos periódicos e reunidos em 6 livros diferentes,[1] bem como um vasto acervo de correspondências e inúmeros textos inéditos de conferências. Mesmo transcendendo às idiossincrasias biográficas do autor e ao contexto em que foram escritas, a gênese de uma parcela significativa dessas obras está diretamente relacionada à formação pessoal de Kirk e às circunstâncias que vivenciou.

A época em que nasceu foi descrita pelo Mago de Mecosta como um "período de desordem" no qual "a antiga casca da ordem moral e social havia sido rompida" em consequência da Primeira Guerra Mundial, da Revolução Bolchevique e do colapso do Império dos Habsburgos.[2] Por um lado, as circunstâncias históricas em que a humanidade

---

[1] Uma compilação parcial das referências bibliográficas da vasta produção intelectual de Russell Kirk e dos estudos sobre o pensamento kirkiano foi organizada pelo historiador Charles C. Brown, arquivista e bibliotecário do The Russell Kirk Center for Cultural Renewal, e publicada na seguinte edição: Charles C. Brown, *Russell Kirk: A Bibliography*. 2. ed. rev. Wilmington, ISI Books, 2011.

[2] Russell Kirk, *The Sword of Imagination*, op. cit., p. 2.

ocidental foi proscrita de um "mundo de razão, ordem, paz, virtude e de expiação prolífica" para um novo "mundo antagônico de loucura, discórdia, vício, confusão e vão pesar"[3] influenciaram muito a percepção da realidade à qual se opõe o conservadorismo político e cultural kirkiano. Por outro lado, as experiências na vida em família durante a infância associadas às leituras dos clássicos abriram seus olhos para o fenômeno que G. K. Chesterton (1874-1936) chamou "democracia dos mortos"[4] e que Edmund Burke denominou "contrato primitivo da sociedade eterna",[5] descritos por Kirk como a aliança que une todos os seres humanos em um pacto imortal "feito entre Deus e a humanidade, e entre as gerações que desapareceram da Terra, a geração que ora vive, e as gerações ainda por chegar",[6] ou seja, aquilo que T. S. Eliot intitulou de "as coisas permanentes"[7] ou de "a comunicação dos mortos".[8]

Russell Kirk assumiu para o pensamento conservador norte-americano a mesma importância de Edmund Burke para a formação do conservadorismo britânico ao atuar como uma espécie de profeta cuja mensagem foi um dos fatores cruciais para a recuperação da credibilidade intelectual dessa corrente de pensamento nos Estados Unidos durante o período subsequente à Segunda Guerra Mundial. Nas inúmeras batalhas travadas contra as tolices do tempo, os mais proeminentes adversários do conservadorismo kirkiano não foram indivíduos determinados, eventos históricos particulares ou ideologias específicas. Atuou em um campo mais amplo que o das disputas nas

---

[3] Edmund Burke, *Reflections on the French Revolution*. In: *The Works of the Right Honorable Edmund Burke, Volume III*. Boston, Little, Brown and Company, 1865, p. 360.

[4] G. K. Chesterton, *Ortodoxia*. Apresentação, notas e anexo de Ives Gandra da Silva Martins Filho; trad. Cláudia Albuquerque Tavares. São Paulo, LTr, 2001, p. 69.

[5] Edmund Burke, *Reflections on the French Revolution*, op. cit., p. 359.

[6] Russell Kirk, "A Arte Normativa e os Vícios Modernos", op. cit., p. 1006.

[7] T. S. Eliot, *The Idea of a Christian Society*. London, Faber and Faber, 1939, p. 21.

[8] Idem, "Little Gidding". I, 52-53. In: *T. S. Eliot: Obra Completa – Volume I: Poesia*, op. cit., p. 375.

arenas da academia ou da política, ao tentar reunir os remanescentes em peregrinação na terra desolada, cujo sextante era a busca pela restauração da ordem interna da alma e da ordem externa da sociedade.

No livro *The American Cause* [A Causa Americana], lançado originalmente em 1957, Russell Kirk defendeu que um indivíduo sem princípios poderá sucumbir ao barbarismo e à selvageria, ao passo que "uma nação sem princípios é uma nação incivilizada".[9] De acordo com o conservadorismo kirkiano, todas as sociedades civilizadas são compostas por três subsistemas autônomos e interdependentes – o *Princípio Moral*, o *Princípio Político* e o *Princípio Econômico*. Fundado na religião, o *Princípio Moral* garante uma correta definição da natureza humana e do verdadeiro sentido da dignidade da pessoa ao apontar seus direitos e deveres, além de ressaltar a imperfectibilidade dos projetos humanos, de modo a evitar possíveis desvios ideológicos oriundos de visões distorcidas dos outros dois princípios.[10] Por sua vez, o *Princípio Político* trata das relações públicas dos cidadãos entre si e com o Estado, visto como autoridade legítima por ser o representante dos valores da sociedade e o garantidor da ordem externa da comunidade.[11] Finalmente, o *Princípio Econômico* abrange as relações privadas de produção e troca entre indivíduos ou grupos de indivíduos, além de ressaltar o papel limitado do governo como colaborador do desenvolvimento material da sociedade enquanto mero árbitro de conflitos em potencial.[12] Nessa perspectiva, a vida da comunidade política nas diferentes sociedades da civilização ocidental é norteada por três ideias cardeais, a saber:

"Justiça" é o princípio e o processo pelos quais a cada homem é concedido aquilo que lhe é próprio – as coisas que pertencem à

---

[9] Russell Kirk, *The American Cause*. Ed. e intr. Gleaves Whitney. 3. ed. Wilmington, ISI Books, 2002, p. 11.

[10] Ibidem, p. 17-34.

[11] Ibidem, p. 47-66.

[12] Ibidem, p. 89-107.

sua natureza. Esse conceito os antigos gregos e romanos representavam na expressão "a cada um o que é seu". É o princípio e o processo que protegem a vida do homem, a sua propriedade, os direitos adquiridos, sua dignidade. Também é o princípio e o processo que atribuem punição ao malfeitor, que fazem cumprir as penalidades para a violência ou a fraude. A figura alegórica da Justiça sempre empunha uma espada. A justiça é o pilar do mundo – a justiça divina e a justiça humana. É a primeira necessidade de qualquer sociedade respeitável.

"Ordem" é o princípio e o processo pelos quais a paz e a harmonia da sociedade são mantidas. É o ajuste de direitos e deveres em um Estado para assegurar que as pessoas terão líderes justos, cidadãos leais e tranquilidade pública. Significa a obediência de uma nação às leis de Deus e a obediência dos indivíduos à justa autoridade. Sem ordem, a justiça raramente pode ser executada, e a liberdade não pode ser mantida.

"Liberdade" é o princípio e o processo pelos quais um homem é senhor da própria vida. Significa o direito de todos os membros de uma sociedade adulta de fazer as próprias escolhas na maioria dos assuntos. Um escravo é uma pessoa cujas ações, em todas as circunstâncias importantes, são dirigidas por outrem; um homem livre é uma pessoa que tem o direito – e a responsabilidade – de decidir como viverá consigo mesmo e com o próximo.[13]

O entendimento kirkiano das ideias cardeais de justiça e liberdade não costuma criar dificuldades de compreensão para uma parcela significativa dos leitores. A definição de justiça se assemelha à apresentada pela maioria dos autores da grande tradição intelectual do Ocidente, cujas raízes se encontram nas reflexões

[13] Ibidem, p. 51-52.

clássicas de Platão (427-347 a.C.) e de Aristóteles (384-322 a.C.) sobre a temática. O ideal de liberdade defendido acima remete às experiências históricas concretas da cristandade medieval, em especial ao modelo anglo-saxão de autonomia individual, que na modernidade foi teorizado por inúmeros autores associados de algum modo ao pensamento liberal clássico desde Thomas Hobbes (1588-1679) e John Locke (1632-1704) no século XVII, passando por Edmund Burke e tantos outros, até F. A. Hayek (1899-1992) e Robert Nozick (1938-2002) em nossos dias. Na obra *The Conservative Mind*, ao elencar os famosos seis cânones que caracterizam o conservadorismo, o elemento liberal lockeano implícito no pensamento conservador burkeano é ressaltado no quarto cânone, ao afirmar a "certeza de que propriedade e liberdade estão intimamente relacionadas".[14]

O conceito de ordem, no entanto, exige um pouco mais de atenção por ocupar um lugar de destaque no conjunto da obra de Russell Kirk e por ter sido alvo de algumas críticas negativas. "A crença em uma ordem transcendente, ou corpo de leis naturais que rege a sociedade, bem como a consciência"[15] é apresentada em *The Conservative Mind* como o primeiro cânone do pensamento conservador, ao passo que a "convicção de que a sociedade civilizada requer ordens e classes, em oposição à noção de uma 'sociedade sem classes'"[16] é o terceiro cânone. Esses dois cânones ressuscitam as concepções burkeanas de ordem moral e de ordem social como meios de desafiar a desagregação normativa promovida pelas ideologias radicais e revolucionárias da modernidade.

Nas diferentes edições do livro *A Program for Conservatives* [Um Programa para Conservadores] ou *Prospects for Conservatives* [Perspectivas

---

[14] Idem, *The Conservative Mind: From Burke to Eliot*, op. cit., p. 9.

[15] Ibidem, p. 8.

[16] Ibidem, p. 8.

para Conservadores],[17] o autor discute o "problema da ordem" somente em seus aspectos externos. A análise da ordem da sociedade nessa obra procura aprofundar a ideia do segundo cânone em *The Conservative Mind*, segundo o qual os conservadores dispõem de um "pendor pela prolífera variedade e mistério da existência humana, como algo oposto à uniformidade limitada, ao igualitarismo e aos propósitos utilitários dos sistemas mais radicais",[18] ao tentar responder "como a variedade e a complexidade devem ser preservadas em nosso meio",[19] além de relacionar o tema à noção de lei, à questão da justiça, aos arranjos harmoniosos de classes e aos problemas da liderança e da autoridade.[20]

Tal abordagem acerca da ordem na sociedade, apontada no terceiro cânone em *The Conservative Mind*, nas diferentes versões de *A Program for Conservatives* ou *Prospects for Conservatives*, e em *The American Cause*, pressupõe as inter-relações com as ideias cardeais de justiça e de liberdade, bem como, em última instância, é caudatária da noção de ordem transcendente ou "intento divino",[21] tal como definida no

---

[17] A obra foi publicada originalmente em 1954 com o título *A Program for Conservatives* pela Regnery Publishing e relançada com o mesmo título em uma versão revista por essa editora em 1962. Uma nova edição abreviada e revista pelo autor foi lançada pela mesma casa editorial em 1989 com o título *Prospects for Conservatives*. Atualmente, a obra está disponível na seguinte edição que será utilizada em todas as referências ao livro: Russell Kirk, *Prospects for Conservatives: A Compass for Rediscovering the Permanent Things*. Intr. Bradley J. Birzer. Hedwig Village, Imaginative Conservative Books, 2013.

[18] Russell Kirk, *The Conservative Mind: From Burke to Eliot*, op. cit., p. 9.

[19] Idem, *Prospects for Conservatives*, op. cit., p. 14.

[20] Ibidem, p. 167-83.

[21] Enquanto a redação final supracitada do primeiro cânone, tal como apresentada na sétima edição revista de *The Conservative Mind: From Burke to Eliot*, publicada em 1986, fala da "crença em uma ordem transcendente, ou corpo de leis naturais que rege a sociedade, bem como a consciência", a primeira versão da obra, publicada em 1953 como *The Conservative Mind: From Burke to Santayana*, define tal cânone conservador como "a crença de que um intento divino rege a sociedade, bem como a consciência, a forjar cadeias eternas de direitos e deveres que unem poderosos e desconhecidos, vivos e mortos" (p. 7). Citamos aqui a primeira edição do livro, disponível na seguinte reimpressão: Russell Kirk, *The Conservative Mind*. Miami, BN Publishing, 2008.

primeiro cânone e, posteriormente, analisada de modo mais detalhado em inúmeros trabalhos do autor. Em um de seus últimos livros, *America's British Culture* [A Cultura Britânica dos Estados Unidos], de 1993, tal noção cardeal é mais bem explicada na respectiva passagem:

> O que designamos *ordem*, palavra que significa um arranjo harmonioso, possui dois aspectos ao discutirmos as diversas culturas humanas. O primeiro destes é a ordem da alma: denominada ordem moral. O segundo destes é a ordem da comunidade: denominada ordem constitucional. Em ambos os aspectos, a ordem se encontra ameaçada em nossos dias, e requer uma vigorosa defesa.[22]

A ênfase na defesa da ordem e o fato de buscar promover um equilíbrio entre esta e as outras duas ideias cardeais, não aceitando visões reducionistas que tentam apontar como principal fundamento ou finalidade da vida societária um único princípio – como no caso dos socialistas com a "justiça distributiva" e dos liberais com a "liberdade individual" –, fez com que o modelo de conservadorismo advogado por Russell Kirk fosse alvo da incompreensão de alguns críticos,[23] como fica visível, em especial, nos ataques perpetrados por progressistas de esquerda[24] ou por libertários individualistas.[25] A acometida

---

[22] Russell Kirk, *America's British Culture*. New Brunswick, Transaction Publishers, 1993, p. 83.

[23] As principais críticas ao conservadorismo kirkiano, em especial ao livro *The Conservative Mind*, são apresentadas de modo sistemático no seguinte artigo: Gerald J. Russello, "Russell Kirk and the Critics". *The Intercollegiate Review*, vol. 38, n. 2, Spring / Summer 2003, p. 3-13.

[24] M. Morton Auerbach, *The Conservative Illusion*. New York, Columbia University Press, 1959, p. 133-54. Uma crítica conservadora ao livro aparece em: Richard M. Weaver, "Illusions of Illusion". *Modern Age*, vol. 4, n. 3, Summer 1960, p. 316-20. Um debate entre o autor do livro e renomados ícones do movimento conservador norte-americano foi publicado no número de 30 de janeiro de 1962 da *National Review*, sendo reimpresso na respectiva edição: M. Morton Auerbach *vs.* M. Stanton Evans, Frank S. Meyer and Russell Kirk, "Do-It--Yourself Conservatism". In: George W. Carey (ed.), *Freedom and Virtue: The Conservative / Libertarian Debate*. 2. ed. rev. Wilmington, ISI Books, 1998. p. 1-12.

[25] Murray N. Rothbard, *The Betrayal of the American Right*. Intr. Thomas E. Woods Jr. Auburn, Ludwig von Mises Institute, 2007, p. 164-66.

mais infesta ao conservadorismo kirkiano, entretanto, foi elaborada pela habilidosa pena de um dos mais notórios aliados do movimento conservador, o filósofo e ativista político Frank S. Meyer (1909-1972), membro do corpo editorial da *National Review* e defensor da ideia de "fusionismo", uma filosofia política que faz uma síntese dos elementos do tradicionalismo conservador e do libertarianismo individualista.[26] A principal crítica de Meyer ao ideal de ordem defendido por Kirk foi expressa do seguinte modo:

> O padrão social que emerge das insinuações e sugestões de seus escritos (pois nunca nos diz exatamente o que pretende e, por certo, nunca nos dá ideia alguma do que isso significaria nas circunstâncias modernas) é moldada por palavras como "autoridade", "ordem", "comunidade", "dever", "obediência". "Liberdade" é uma palavra rara; o "indivíduo", anátema. As qualidades dessa sociedade proposta são uma mistura de Inglaterra do século XVIII e Europa medieval – ou, talvez, mais apropriadamente, são as da República de Platão com o rei-filósofo substituído pelo fidalgo e pelo cura.[27]

O ponto central da desaprovação de Frank Meyer, assim como dos progressistas esquerdistas e dos libertários individualistas, é o elemento aparentemente "irracional" expresso pelo apego às tradições religiosas, às instituições comunitárias ancestrais e à sabedoria dos mortos que servem como limitadores de posições individualistas mais radicais acerca da noção cardeal de liberdade. As visões materialistas ou racionalistas, tais como defendidas pela maioria dos críticos do pensamento kirkiano e, até mesmo, por alguns conservadores,

---

[26] Kevin J. Smant, *Principles and Heresies: Frank S. Meyer and the Shaping of the American Conservative Movement*. Wilmington, ISI Books, 2002.

[27] Frank S. Meyer, *In Defense of Freedom and Related Essays*. Pref. William C. Dennis. Indianapolis, Liberty Fund, 1996, p. 11.

constituíram o drama no qual a moderna mente indisciplinada "imaginando perseguir fatos, muitas vezes segue uma vela de defunto até a beira do abismo – e, às vezes, por sobre essa beira", motivo pelo qual o Mago de Mecosta alertou que "se o homem depender apenas de seus poderes racionais privados, ele perderá a sua fé – e talvez o mundo, também, arriscando a sua própria natureza num jogo de xadrez contra o Diabo".[28] Tal situação dramática foi descrita por T. S. Eliot, em 1935, na respectiva passagem da peça *Murder in Cathedral* [Assassínio na Catedral]:

> Aqueles que põem fé na lei do mundo
> Não controlada pela lei de Deus,
> Em sua altiva ignorância só provocam desordem,
> Tornando-a mais rápida, procriam doenças fatais,
> Degradam aquilo que exaltam.[29]

Na perspectiva de Edmund Burke e de Russell Kirk, do mesmo modo que nos ensinamentos da doutrina cristã, a verdadeira liberdade tem como pressuposto a autodisciplina, pois a alma se torna um estado de perfeita liberdade apenas quando se submete à vontade de Deus. Nesse sentido, o pecado original é uma rebelião individual contra o Criador e contra a ordem divina; essa revolta tem por essência o orgulho, um desejo de a criatura se portar como centro do universo. Seguindo os passos de Santo Agostinho, o pensamento kirkiano diferencia três tipos de concupiscência, a saber:

1. a "avareza" ou "luxúria dos bens materiais", pela qual o indivíduo deseja riquezas e propriedades mundanas acima dos bens da alma e em detrimento das obrigações de caridade com os desfavorecidos da sociedade;

---

[28] Russell Kirk, "A Arte Normativa e os Vícios Modernos", op. cit., p. 1011.

[29] T. S. Eliot, *Assassínio na Catedral*. In: *T. S. Eliot: Obra Completa – Volume II: Teatro*, op. cit., p. 35.

2. o "desejo de poder", que leva à busca desenfreada dos próprios interesses e à tentativa de subjugar os demais membros da comunidade;

3. a "lascívia" ou "luxúria sexual", que almeja o prazer corporal dissociado dos fins corretos da sexualidade, que são a formação da prole e o amor conjugal.[30]

A resistência intelectual aos desvios da mentalidade moderna, tal como apresentada pelo pensamento conservador kirkiano, não é um fenômeno isolado, mas faz parte de um movimento tradicionalista mais amplo que teve como arraias a publicação dos livros *The Attack on Leviathan*[31] [O Ataque ao Leviatã], de Donald G. Davidson (1893-1968), em 1938, *Ideas Have Consequences*[32] [As Ideias Têm Consequências], de Richard M. Weaver (1910-1963), em 1948, e *The New Science of Politics*[33] [A Nova Ciência da Política], de Eric Voegelin (1901-1985), em 1952. Juntamente com a obra *The Quest for Community*[34] [A Busca pela Comunidade], de Robert A. Nisbet (1913-1996), também publicada em 1953, o lançamento do livro *The Conservative Mind* foi o ápice desse processo em defesa da ordem.

As primeiras reflexões kirkianas sobre essa matéria, entre a segunda metade e a primeira das décadas de 1950 e de 1960, foram orientadas essencialmente pelas considerações de Edmund Burke e dos humanistas cristãos; contudo, a meditação de Russell Kirk

---

[30] Alex Catharino, "A Vida e a Imaginação de Russell Kirk". In: Russell Kirk, *A Era de T. S. Eliot*, op. cit., p. 89.

[31] Donald G. Davidson, *Regionalism and Nationalism in the United States: The Attack on Leviathan*. Intr. Russell Kirk. New Brunswick, Transaction Publishers, 1991.

[32] Richard M. Weaver, *As Ideias Têm Consequências*. Trad. Guilherme Araújo Ferreira. São Paulo, É Realizações, 2012.

[33] Eric Voegelin, *A Nova Ciência da Política*. Intr. José Pedro Galvão de Sousa; trad. José Viegas Filho. Brasília, Editora da Universidade de Brasília, 1982.

[34] Robert A. Nisbet, *The Quest for Community: A Study in the Ethics of Order & Freedom*. Pref. William A. Schambra. São Francisco, ISC Press, 1990.

acerca da ordem agregou paulatinamente o pensamento de T. S. Eliot e de Eric Voegelin, em um segundo momento, e, por fim, as contribuições de Christopher Dawson (1889-1970), Gabriel Marcel (1889-1973), Hans Barth (1904-1965) e Simone Weil (1909-1943). O ápice das elucubrações do Cavaleiro da Verdade sobre esse tópico se encontra em *The Roots of American Order* [As Raízes da Ordem Americana], publicado, originalmente, em 1974, no qual é feito um estudo comparado de História Universal erudito e filosófico, apresentando a influência de diferentes tradições culturais na formação da nação norte-americana, desde o povo de Israel e da civilização greco-romana, passando pela cristandade medieval e o início da modernidade, até a época da Independência e da redação da Constituição dos Estados Unidos, demonstrando que tal experiência civilizacional se fundou no legado das cidades de Jerusalém, Atenas, Roma e Londres, vindo a culminar nos eventos da Filadélfia. Nesse livro defendeu que:

> Ordem é a primeira necessidade da alma. Não é possível amar o que devemos amar, a menos que reconheçamos alguns princípios de ordem pelos quais devemos dirigir nossas próprias vidas.
>
> Ordem é a primeira necessidade da comunidade. Não é possível viver em paz uns com os outros, a menos que reconheçamos algum princípio de ordem pelo qual faremos justiça.
>
> A boa sociedade é marcada por um alto grau de ordem, justiça e liberdade. Dentre estes, a ordem detém o primado, pois a justiça não pode ser implementada até que se alcance uma ordem social civil tolerável, nem a liberdade pode ser algo mais que violência até que a ordem nos confira as leis.[35]

---

[35] Russell Kirk, *The Roots of American Order*. Pref. Forrest McDonald. 4. ed. Wilmington, ISI Books, 2003.

O conceito de ordem, nesse sentido, está intimamente ligado à tradição histórica da sociedade e em sua relação com a ordem espiritual da pessoa. Tal noção cultural kirkiana, em muitos aspectos, se assemelha à percepção ontológica de Eric Voegelin, segundo a qual "*ordem* é a estrutura da realidade como experimentada pelo homem, bem como a sintonia entre o homem e uma ordem não fabricada por ele, isto é, a ordem cósmica".[36] Em carta datada de 31 de julho de 1952 e enviada de St. Andrews para o editor Henry Regnery, acompanhando o manuscrito da tese de doutorado *The Conservative's Rout: Account of Conservative Ideas from Burke to Santayana* [A Diáspora dos Conservadores: Uma Análise das Ideias Conservadoras de Burke a Santayana] que viria a se tornar o clássico *The Conservative Mind*, Russell Kirk descrevia a obra como a contribuição dele para o "esforço de conservar a tradição espiritual, intelectual e política da civilização; e se temos de resgatar a mentalidade moderna, devemos de fazê-lo logo".[37] Desde a publicação de seu livro mais famoso em 1953 até os últimos escritos, o Mago de Mecosta se dedicou a uma batalha contra os vícios ideológicos que transformaram o século XX em uma terra desolada. Em um dos ensaios da coletânea *Redeeming the Time*, asseverou:

> A ordem, no campo da moral, é a concretização de um corpo de normas transcendentes – de fato uma hierarquia de normas ou padrões – que conferem propósito à existência e motivam a conduta. A ordem, na sociedade, é o arranjo harmonioso de classes e funções que preserva a justiça, obtém o consentimento voluntário à lei e assegura que todos, juntos, estaremos a salvo. Embora não possa haver liberdade sem ordem, num certo sentido, há sempre

---

[36] Eric Voegelin, *Reflexões Autobiográficas*. Intr. e ed. Ellis Sandoz; trad. Maria Inês de Carvalho; notas de Martim Vasques da Cunha. São Paulo, É Realizações, 2007, p. 117.

[37] Henry Regnery, "Russell Kirk and the Making of *The Conservative Mind*", op. cit., p. 339.

um conflito entre os clamores da ordem e os da liberdade. Muitas vezes expressamos esse conflito como a competição entre o desejo de liberdade e o desejo de segurança.[38]

A mentalidade conservadora defendida por Russell Kirk não deve ser entendida à luz do "logicismo" moderno como mera construção intelectual, pois "a convicção não é produzida pela lógica da linguagem, nem pela acumulação dos fatos" e "o verdadeiro conhecimento não é o produto de uma razão metódica".[39] Nesse sentido, acima de qualquer outra definição, o conservadorismo kirkiano é uma disposição de caráter que nos move a lutar pela restauração e preservação das verdades da natureza humana, da ordem moral e da ordem social, legadas pela tradição, fatores que, necessariamente, levam à rejeição de todos os esquemas racionalistas apresentados pelas diferentes concepções ideológicas, visto que, tal como expresso no quinto cânone em *The Conservative Mind*, o conservador esclarecido deve ter "fé no uso consagrado e desconfiança em 'sofistas, calculistas e economistas' que querem reconstruir a sociedade com base em projetos abstratos".[40]

Dentre os inúmeros aforismos repetidos com frequência nos escritos de Russell Kirk, destaca-se uma afirmação de Henry Stuart Hughes (1916-1999), segundo a qual "o conservadorismo é a negação da ideologia".[41] O conservador deve rejeitar os projetos abstratos utópicos que prometem a criação de um paraíso terreno porque a ordem social "começa a se desintegrar – ou é suplantada por um controle muito diferente – quando o costume político e

---

[38] Russell Kirk, *Redeeming the Time*, op. cit., p. 33.

[39] Idem, *The Conservative Mind: From Burke to Eliot*, op. cit., p. 284.

[40] Ibidem, p. 9.

[41] Henry Stuart Hughes, "The End of Political Ideology". *Measure*, vol. 2, n. 2, Spring 1951, p. 153-54.

a teoria política são completamente dominados pela ideologia".[42] Por um lado, o entendimento kirkiano do caráter ideológico da modernidade se fundamenta nas críticas de Edmund Burke aos "metafísicos abstratos" e aos "reformadores fanáticos",[43] que, em parte, são todos os intelectuais que de alguma forma se deixaram entorpecer pelo ópio dos delírios românticos de Jean-Jacques Rousseau (1712-1776) ou das construções racionalistas dos iluministas franceses. Por outro lado, tal juízo negativo é sustentado na filosofia de Eric Voegelin, que vê a ideologia como uma "existência em rebelião contra Deus e o homem".[44] Além dos alicerces teóricos burkeano e voegelineano, na tentativa de definir a natureza da mazela ideológica que assola a modernidade, Kirk agregou na própria análise as reflexões dos já citados José Ortega y Gasset, Hans Barth e Gerhart Niemeyer, bem como as contribuições sobre a temática elaboradas por Raymond Aron (1905-1983), Jacob Leib Talmon (1916-1980), Thomas Molnar (1921-2010) e Kenneth Minogue (1930-2013), elaborando uma síntese expressa do seguinte modo:

> "Ideologia" não significa teoria política ou princípio, embora muitos jornalistas e alguns professores comumente empreguem o termo nesse sentido. Ideologia realmente significa fanatismo

---

[42] Russell Kirk, "O Ópio das Ideologias". Trad. Márcia Xavier de Brito; notas de Alex Catharino. In: *Communio: Revista Internacional de Teologia e Cultura*, vol. XXVIII, n 3 (Ed. 103, jul.-set. 2009): 767-90. Cit. p. 767.

[43] "Um homem ignorante, que não é tolo o bastante para interferir no mecanismo do próprio relógio, é, contudo, confiante o suficiente para pensar que pode desmontar e montar ao bel prazer uma máquina moral de outro estilo, importância e complexidade, composta de muitas outras engrenagens, molas e balanças e de forças que neutralizam e cooperam. Os homens pouco pensam quão imoralmente agem ao imiscuírem-se precipitadamente naquilo que não entendem. A boa intenção ilusória não é uma espécie de desculpa para a soberba. Verdadeiramente fariam bem aqueles que temessem agir mal" (Edmund Burke, *An Appeal from the New to the Old Whigs*. In: *The Works of the Right Honorable Edmund Burke, Volume IV*. Boston, Little, Brown and Company, 1865, p. 209-10).

[44] Eric Voegelin, *Ordem e História – Volume I: Israel e a Revelação*. Intr. Maurice P. Hogan; trad. Cecília Camargo Bartalotti. São Paulo, Loyola, 2009, p. 32.

político – e, mais precisamente, a crença de que este mundo pode ser convertido num paraíso terrestre pela ação da lei positiva e do planejamento seguro. O ideólogo – comunista, nazista ou de qualquer afiliação – sustenta que a natureza humana e a sociedade devem ser aperfeiçoadas por meios mundanos, seculares, embora tais meios impliquem uma violenta revolução social. O ideólogo imanentiza símbolos religiosos e inverte as doutrinas da religião.

O que a religião promete ao fiel numa esfera além do tempo e do espaço, a ideologia promete a todos na sociedade – exceto aos que forem "liquidados" no processo.[45]

Ao negar o caráter messiânico, cientificista, progressista, revolucionário e utópico das modernas ideologias, o conservadorismo kirkiano transita de modo prudente entre o particular e o universal, pois, de um lado, reconhece as especificidades culturais e institucionais de cada nação, alertando para os riscos da simples transposição de modelos políticos e econômicos alienígenas; mas, de outro lado, sabe que existem princípios éticos absolutos transcendentes que devem fundamentar a vida societária em contextos históricos distintos. Seguindo os ensinamentos de Edmund Burke, reconhece que "um Estado sem meios de empreender alguma mudança está sem os meios para se conservar",[46] ao mesmo tempo que ecoa os versos de Robert Frost (1874-1963) quando alerta que "a maioria das mudanças que cremos ver na vida / É devida ao favor e desfavor de verdades".[47] Tal dinâmica entre mudanças e permanências é um fator decisivo para entender que o tradicionalismo advogado por Russell Kirk não é uma proposta reacionária que se volta contra toda e qualquer alteração na cultura ou na sociedade, nem uma defesa do *status quo*; mas um conjunto de conselhos

---

[45] Russell Kirk, "O Ópio das Ideologias", op. cit., p. 767-68.

[46] Edmund Burke, *Reflections on the Revolution in France*, op. cit., p. 259.

[47] Robert Frost, "The Black Cottage". Versos 109-110. In: *North of Boston*. New York, Henry Holt and Company, 1915, p. 50-55. Cit. p. 54-55.

prudenciais que nos alerta para os riscos de desconsiderarmos totalmente os valores e costumes testados historicamente pela tradição em nome da arrogância racionalista de erigir uma nova ordem social a partir dos caprichos humanos. De acordo com o sexto e último cânone apresentado em *The Conservative*, o conservador esclarecido se caracteriza pelo

> reconhecimento de que mudança pode não ser uma reforma salutar: a inovação precipitada pode ser uma voraz conflagração em vez de uma tocha do progresso. A sociedade deve modificar-se, visto que a mudança prudente é o meio da preservação, mas o estadista deve levar em conta a Providência, e a principal virtude do político, segundo Platão e Edmund Burke, é a prudência.[48]

A essência dessa política da prudência advogada por Russell Kirk não pode ser entendida como uma doutrina política, mas, acima de tudo, como "um estilo de vida, forjado pela educação e pela cultura", que se expressa numa "forma de humanismo cristão, sustentado por uma concepção sacramental da realidade", em que fatos e circunstâncias culturais, como a moral e as instituições sociais, não são acidentes históricos, mas "desenvolvimentos necessários da própria natureza humana".[49] O conservadorismo kirkiano encontra sua plenitude na promoção da concepção de Imaginação Moral e na defesa do ideal clássico de Educação Liberal como meios de preservação da Tradição e de revitalização da Cultura, temas que serão abordados, a partir da influência de T. S. Eliot, nos próximos capítulos. Como observou com acuidade o historiador Bradley J. Birzer:

---

[48] Idem, *The Conservative Mind: From Burke to Eliot*, op. cit., p. 8-9.

[49] Alex Catharino, "Kirk, Russell (1918-94)". In: Vicente Barreto e Alfredo Culleton (eds.), *Dicionário de Filosofia Política*. São Leopoldo, Unisinos, 2010, p. 289-93. Cit. p. 292.

O que Eliot fez na poesia – ao santificar as novas formas modernistas com antigas tradições – Kirk fez na História, na crítica cultural e na política. Assim como o poeta considerou as verdades atemporais em momentos, edifícios e relacionamentos, Kirk, igualmente, explorou as verdades atemporais em momentos, lugares e pessoas.[50]

Assim como uma sinfonia, composta por diversos movimentos, adornados com complexa variedade melódica e rítmica, executada por diferentes instrumentos, cujo tema principal é harmonizado, no entanto, por um baixo contínuo, o conjunto do conservadorismo kirkiano é caracterizado pelo exame atento de temas distintos, sempre mantendo, todavia, a unidade na defesa intransigente da verdade normativa apreendida pela grande tradição. Essa defesa das "coisas permanentes" ou "comunicação dos mortos" se baseia na crença de que o verdadeiro pensamento político transcende às instituições particulares e ao período em que foi elaborado, devendo, por isso, ser transmitido para as gerações vindouras. Em um discurso pronunciado na convenção nacional de 1954 da fraternidade feminina Chi Omega, Russell Kirk exortou:

> O conservador esclarecido não acredita que o fim ou o propósito da vida seja a competição, o sucesso, o prazer, a longevidade, o poder ou as posses. Acredita, ao contrário, que o propósito da vida é o amor. Sabe que a sociedade justa e ordenada é aquela em que o amor nos governa, tanto quanto o amor pode nos reger neste mundo de dores; e sabe que a sociedade anárquica ou tirânica é aquela em que o amor está corrompido. Aprendeu que o amor é a fonte de todo ser, e que o próprio inferno é ordenado pelo amor. Compreende que a morte, quando findar a parte que nos couber, é a recompensa do amor. Percebe a verdade de que a maior felicidade

---

[50] Bradley J. Birzer, *Russell Kirk: American Conservative*. Lexington, University Press of Kentucky, 2015, p. 220.

já dada ao homem é o privilégio de ser feliz na hora da morte. Não tem intenção de converter esta nossa sociedade humana em uma máquina eficiente para operadores de máquina eficientes, dominados por mecânicos-chefe. Os homens vêm a este mundo, conclui, para lutar, para sofrer, para combater o mal que está no próximo e neles mesmos, e para ansiar pelo triunfo do amor. Vêm ao mundo para viver como homens e para morrer como homens. Buscam preservar a sociedade que permite aos homens atingir a própria humanidade, e não aquela que os mantêm presos aos laços da infância perpétua. Com Dante, ergue os olhos para além deste lamaçal, deste mundo de górgonas e quimeras, em direção à luz que oferece seu amor para esta Terra e para todas as estrelas.[51]

---

[51] Russell Kirk, "Conservatism, Liberalism, and Fraternity". *Eleusis of Chi Omega*, vol. LVIII, n. 1, Feb. 1956, p. 121-30. Cit. p. 125.

## 3. "ONDE A PALAVRA RESSOARÁ?": O LUGAR DE T. S. ELIOT NO PENSAMENTO KIRKIANO

Ao "lutar pelas palavras" em um "trabalho contínuo" para defender e propagar "a comunicação dos mortos", Russell Kirk travou um conflito literário por mais de meio século, no qual o tema da imaginação proporcionou uma unidade harmônica para a variedade melódica e rítmica de sua ampla produção intelectual. Na autobiografia *The Sword of Imagination* defendeu que "o mundo é governado, em qualquer época, não pela racionalidade, mas pela fé: pelo amor, pela lealdade e pela imaginação".[1] A correta compreensão do modo como o Mago de Mecosta "utiliza o termo imaginação é a chave que torna possível entender o seu pensamento".[2] Na cruzada movida contra as ideologias modernas, o Cavaleiro da Verdade exortou os conservadores esclarecidos a fazer "uso da imaginação como uma força" capaz de preservar "a ordem, o autodomínio e a sanidade política".[3] Acreditava que "o mistério central da vida pode ser uma oportunidade para a criação por intermédio da imaginação construtiva".[4] Por unir de modo equilibrado "o intelecto e a

---

[1] Russell Kirk, *The Sword of Imagination*, op. cit., p. 199.

[2] Gerald J. Russello, *The Postmodern Imagination of Russell Kirk*. Columbia, University of Missouri Press, 2007, p. 53.

[3] W. Wesley McDonald, *Russell Kirk and the Age of Ideology*. Columbia, University of Missouri Press, 2004, p. 204.

[4] Gerald J. Russello, *The Postmodern Imagination of Russell Kirk*, op. cit., p. 65.

imaginação",[5] sabia que a derrota do conservadorismo no campo de batalha poderia se dar tanto pela "falência da imaginação" quanto da debilidade da correta "ação", o que representaria condenar as gerações futuras a seguir o caminho em direção ao exílio na "terra desolada espiritual".[6]

Nesse sentido, como parte do esforço para restaurar as "coisas permanentes", o livro *The Conservative Mind* foi definido pelo próprio autor como um "exercício de imaginação".[7] Esse escrito notório não é apenas um estudo acadêmico erudito de história das ideias políticas que aborda o pensamento conservador britânico e norte-americano a partir das reflexões de Edmund Burke, John Adams (1735-1826), John C. Calhoun (1782-1850), John Quincy Adams (1767-1848), Thomas Babington Macaulay (1800-1859), Alexis de Tocqueville (1805-1859), Orestes Brownson (1803-1876), Benjamin Disraeli (1804-1881), John Henry Newman (1801-1890), James Fitzjames Stephen (1829-1894), Irving Babbitt (1865-1933), Paul Elmer More (1864-1937) e George Santayana (1863-1952), entre outros. Já na primeira edição a obra discute questões diversas de crítica literária ao analisar o conservadorismo de famosos literatos como Sir Walter Scott (1771-1832), Samuel Taylor Coleridge (1772-1834), James Fenimore Cooper (1789-1851), Nathaniel Hawthorne (1804-1864), Henry Adams (1838-1918), W. H. Mallock (1849-1923) e o previamente mencionado George Gissing.

A literatura ocupou um lugar de destaque na formação intelectual de Russell Kirk e deixou marcas profundas tanto no estilo quanto na lógica argumentativa de seus escritos. A educação recebida pela família na infância despertou-lhe a paixão pelos romances, poemas e obras de

---

[5] James E. Person Jr., *Russell Kirk: A Critical Biography of a Conservative Mind*. Lanhan, Madison Books, 1999, p. 215.

[6] Ibidem, p. 198.

[7] Russell Kirk, *The Sword of Imagination*, op. cit., p. 166.

história. Ao longo do ensino formal, além dos estudos históricos, os principais interesses e os professores que mais o influenciaram tinham, de algum modo, relações com o campo literário. As próprias amizades desenvolvidas ao longo de toda a vida foram sustentadas muito mais pelos gostos artísticos e princípios éticos partilhados do que pelas convicções políticas. Inúmeras vezes ressaltou que os poetas são dotados do poder de alterar a consciência de uma época, e listava com frequência entre os contemporâneos que mais contribuíram na tarefa de restaurar a normatividade inerente à defesa das "coisas permanentes", além de T. S. Eliot e de Robert Frost, os nomes de William Butler Yeats (1865-1939), William Faulkner (1897-1962) e Evelyn Waugh (1903-1966). O conservadorismo kirkiano não se expressou apenas pelos escritos sobre história, educação, filosofia do direito, ciência política e crítica literária, mas, também, nos romances *The Old House of Fear*[8] [A Antiga Casa de Fear], de 1961, *A Creature of the Twilight: His Memorials – A Baroque Romance*[9] [A Criatura do Crepúsculo: Suas Memórias – Um Romance Barroco], de 1966, e *Lord of Hollow Dark*[10] [O Senhor das Trevas Profundas], de 1979, bem como nos vinte e dois contos de ficção sobrenatural,[11] escritos entre o final da década de 1940 e o início da década de 1980, que nos legou. Via a si mesmo não como filósofo, cientista político ou historiador, mas como homem de letras. Em sua jornada teve a oportunidade de conhecer pessoalmente e de manter uma vasta correspondência com diversos literatos famosos como, por

---

[8] Idem, *Old House of Fear*. Grand Rapids, William B. Eerdmans Publishing Company, 2007.

[9] Idem, *A Creature of the Twilight: His Memorials*. New York, Fleet Publishing Corporation, 1966.

[10] Idem, *Lord of Hollow Dark*. New York, St. Martin's Press, 1979.

[11] Os vinte e dois contos foram republicados nas seguintes coletâneas canadenses: Russell Kirk, *Off the Sand Road – Ghost Stories: Volume One*. Ed. e intr. John Pelan. Ashcroft, Ash-Tree Press, 2002; idem, *What Shadows We Pursue – Ghost Stories: Volume Two*. Ed. e intr. John Pelan. Ashcroft, Ash-Tree Press, 2003. Na seguinte antologia foram compilados dezenove dos contos: Russell Kirk, *Ancestral Shadows: An Anthology of Ghostly Tales*. Ed. e intr. Vigen Guroian. Grand Rapids, William B. Eerdmans Publishing Company, 2004.

exemplo, Wyndham Lewis (1882-1957), Robert Graves (1895-1985), John Dos Passos (1896-1970), Roy Campbell (1901-1957), Andrew Nelson Lytle (1902-1995), Malcolm Muggeridge (1903-1990), George Scott-Moncrieff (1910-1974), Paul Roche (1916-2007), Ray Bradbury (1920-2012) e Flannery O'Connor (1925-1964), além dos já citados Donald Davidson e T. S. Eliot.

O conservadorismo kirkiano foi influenciado por inúmeros pensadores modernos, entre os quais se destacam os nomes de John Adams, Alexis de Tocqueville, Orestes Brownson, John Henry Newman, Irving Babbitt, Paul Elmer More, Christopher Dawson e Eric Voegelin; entretanto, com exceção de Edmund Burke, nenhum outro autor foi tão influente em seus escritos quanto T. S. Eliot, cujo papel desempenhado no século XX foi comparado inúmeras vezes por Russell Kirk à atuação de Samuel Johnson (1709-1784) no século XVIII, que, a despeito do ambiente desfavorável para as ideias defendidas, conseguiu influenciar uma parcela significativa da opinião pública. O entendimento mais profundo da obra eliotiana, a partir da amizade que cultivou, entre 1953 e 1965, com o famoso literato, representou um marco divisor crucial para o pensamento de Kirk colaborando de modo decisivo para a compreensão do que Miguel de Unamuno (1864-1936) denominou de "sentimento trágico da vida"[12] e para a consolidação de determinados conceitos-chave tais como os de tradição, de cultura, de imaginação moral e de educação liberal. Sobre a marcante influência de Eliot, observa Bradley Birzer:

> Alguns criticaram Kirk por recair em chavões repetitivos [...], especialmente ao adotar as "coisas permanentes", os "momentos atemporais" e o "redimir o tempo". Chegaram até mesmo a argumentar que Kirk criara um tipo preguiçoso de ideologia ao

---

[12] Miguel de Unamuno, *Do Sentimento Trágico da Vida*. Trad. Eduardo Brandão. São Paulo, Martins Fontes, 1996.

abraçar essas noções aparentemente abstratas. Seria muito mais justo afirmar, todavia, que Kirk finalmente encontrara uma voz mais confortável nas palavras, obras e ideias de T. S. Eliot.[13]

Na perspectiva de Russell Kirk, o conjunto da obra eliotiana foi um empenho "para restaurar a ordem gramatical das frases e reformar as palavras" em um movimento "análogo à tarefa de restaurar a ordem da alma e da comunidade".[14] No abismo existencial da modernidade, o literato foi uma voz solitária, uma espécie de profeta pregando no deserto. O questionamento "onde encontrar a palavra, onde a palavra ressoará?",[15] expresso de modo quase desesperado, em 1930, no poema "Ash Wednesday" [Quarta-feira de Cinzas] foi respondido pela profunda mensagem de esperança dos *Four Quartets* [Quatro Quartetos], cujo desfecho replica as perguntas últimas da peregrinação do poeta ao demonstrar que o verdadeiro sentido da história universal transcende a existência finita na terra desolada e ao sugerir "que não é impossível recuperar a ordem da alma e da comunidade",[16] pois "o significado de pensamento e ação sobreviveu à dissolução da passagem de três séculos".[17] As palavras de sabedoria expressas nas obras de T. S. Eliot ressoaram em numerosos escritos do Mago de Mecosta, que, de modo mais penetrante do que qualquer outro analista, compreendeu o sentido mais profundo dos respectivos versos:

> Os novos anos se avizinham, revivendo
> Através de uma faiscante nuvem de lágrimas, os anos, resgatando
> Com um verso novo antigas rimas. Redimem

---

[13] Bradley J. Birzer, *Russell Kirk*, op. cit., p. 217-18.

[14] Russell Kirk, *A Era de T. S. Eliot*, op. cit., p. 493.

[15] T. S. Eliot, "Quarta-feira de Cinzas". V, 167-168. In: *T. S. Eliot: Obra Completa – Volume I: Poesia*, op. cit., p. 201.

[16] Russell Kirk, *A Era de T. S. Eliot*, op. cit., p. 496.

[17] Ibidem, p. 493.

O tempo, redimem
A indecifrada visão do sonho mais sublime.[18]

A produção artística e intelectual eliotiana foi constantemente citada em diversos trabalhos do pensador norte-americano desde a primeira edição de *The Conservative Mind* até as obras póstumas *The Sword of Imagination* e *Redeeming the Time*. Em um momento inicial, apesar de reconhecer que Eliot estava na mesma tradição de Burke e de Coleridge, além de destacar a grande importância das obras *The Idea of a Christian Society*[19] [A Ideia de uma Sociedade Cristã], de 1939, e *Notes Towards a Definition of Culture*[20] [Notas para uma Definição de Cultura], de 1948, para o moderno conservadorismo, Kirk via o poeta como alguém com algumas "hesitações e ambiguidades".[21] O contato pessoal com Eliot possibilitou que Kirk compreendesse melhor o pensamento eliotiano.[22] Os dois começaram a se corresponder em junho de 1953 por sugestão do editor Henry Regnery, devido ao interesse do literato em publicar pela Faber & Faber, onde trabalhava como editor, uma versão britânica do livro *The Conservative Mind*, sobre o qual, em carta, datada de 6 de agosto de 1953, escreveu para Kirk: "Fiquei muito bem impressionado com o seu livro, e espero que sejamos capazes de chegar a algum acordo com Regnery, para quem já escrevi". Sem ter conhecimento de que Eliot escrevera para o editor norte-americano expressando a discordância com relação ao destaque dado a Santayana no subtítulo

---

[18] T. S. Eliot, "Quarta-feira de Cinzas". IV, 141-145. In: *T. S. Eliot: Obra Completa – Volume I: Poesia*, op. cit., p. 197.

[19] Idem, *The Idea of a Christian Society*. London, Faber and Faber, 1939.

[20] Idem, *Notas para a Definição de Cultura*. Trad. Eduardo Wolf. São Paulo, É Realizações, 2011.

[21] Russell Kirk, *The Conservative Mind: From Burke to Santayana*, op. cit., p. 411.

[22] A melhor narrativa do gradativo processo que levou Kirk a compreender a essência do trabalho artístico de Eliot é apresentada em: Bradley J. Birzer, *Russell Kirk*, op. cit., p. 211-43, esp. p. 213-15.

da obra, Kirk confidenciou para o poeta, em carta datada de 10 de setembro de 1953:

> Certa vez, pretendi chamar meu livro *The Conservative Mind: From Burke to Eliot*. No entanto, decidi que seria impróprio tratar em detalhes de um pensador cuja obra ainda não está completa; e essa foi uma decisão afortunada, como se verificou, pois teria sido um tanto embaraçoso, para ti, publicares um livro com tal título.

Apesar dessa advertência para a publicação, tanto da segunda edição norte-americana quanto da edição britânica, o autor revisou a obra e modificou o último capítulo, ampliando o tratamento dado ao pensamento eliotiano e às reflexões de outros literatos contemporâneos, o que acarretou na mudança do subtítulo para *From Burke to Eliot*. A edição da Faber & Faber, no entanto, foi lançada em 1954, quase ao mesmo tempo que a segunda edição norte-americana, mas sem o embaraçoso subtítulo, que passou a figurar em todas as seis reedições do livro lançadas por Regnery.

Após um desencontro no mês de julho em Londres, em que Russell Kirk havia sido convidado para um chá, mas a carta-convite só fora recebida após a data marcada, os dois se reencontraram pessoalmente na Escócia, em um "obscuro hotelzinho retirado, com móveis de vime nada atraentes na sala de visitas",[23] onde T. S. Eliot se hospedara no final de agosto de 1953, antes da primeira apresentação de sua peça *The Confidential Clerk* [O Secretário Particular], no Festival de Edimburgo. O periódico católico *The Month* designou Kirk para resenhar nesse evento tanto a peça cômica de Eliot quanto o drama histórico *Fotheringhay*, de autoria do amigo comum, George Scott-Moncrieff. Dezoito anos após esse primeiro contato pessoal, no qual se iniciou a amizade entre os dois autores, Kirk descreve suas impressões acerca da personalidade do literato:

---

[23] Russell Kirk, *A Era de T. S. Eliot*, op. cit., p. 136.

Amabilidade, simplicidade e franqueza figuravam, descobri, entre as características de Eliot; e essa impressão foi confirmada por nossos encontros posteriores, em Londres, ao longo dos anos – no clube Garrick ou no seu pequeno escritório no andar superior da Faber & Faber, em Bloomsbury. Disciplinado como o próprio estilo literário, o intelecto de Eliot era benevolente com uma firmeza rara nos dias de hoje. Era fácil falar com ele porque era tão profundamente inteligente (ainda que nunca teórico no discurso) quão graciosamente despretensioso.[24]

Na referida carta escrita em 10 de setembro de 1953, Russell Kirk prometeu para T. S. Eliot que comporia, sem tardar muito, "um relato sobre a literatura do século XX chamado *The Age of T. S. Eliot*". Sobre o compromisso de elaborar tal obra, um dos maiores especialistas no *corpus* eliotiano na atualidade, o Professor Benjamin G. Lockerd, Jr., sustentou que:

> A profunda afinidade entre Kirk e Eliot e com aquilo em que o poeta acreditava poderia ter feito dele um mero acólito, mas Kirk sempre foi um pensador profundamente independente e crítico – de modo que seu livro não é simplesmente um tributo reverencial ao mestre. Foi sorte Kirk não ter escrito um livro sobre Eliot quando pensou nisso pela primeira vez. Ao escrever quase duas décadas depois, amadurecera o próprio pensamento e se tornara, ele mesmo, um eminente homem de letras. Foi capaz de avaliar toda a vida e carreira de Eliot com bastante distância temporal e suficiente autoridade pessoal, de modo que seus juízos fossem os mais objetivos possíveis. O resultado é uma obra que abrange, melhor do que qualquer outra, tanto Eliot como a sua época.[25]

---

[24] Ibidem, p. 136-37.

[25] Benjamin G. Lockerd Jr., "Introdução para a Terceira Edição Norte-Americana". In: Russell Kirk, *A Era de T. S. Eliot*, op. cit., p. 107-33. Cit. p. 133.

O posicionamento kirkiano acerca de T. S. Eliot não se assemelha à relação de James Boswell (1740-1795) com Samuel Johnson, apesar dos escritos de Russell Kirk sobre a temática eliotiana continuarem insuperáveis, podendo, até mesmo, figurar como uma espécie de "análise oficial". Além de *A Era de T. S. Eliot*, as análises de Kirk sobre o poeta foram objeto de diversos artigos acadêmicos, capítulos de livros e conferências, constituindo uma presença constante no seu pensamento. O livro *Decadence and Renewal in the Higher Learning: An Episodic History of American University and College since 1953*[26] [Decadência e Renovação no Ensino Superior: Uma História Episódica da Universidade Norte-Americana desde 1953] foi dedicado a T. S. Eliot. Os títulos das coletâneas de ensaios *Enemies of the Permanent Things: Observations of Abnormity in Literature and Politics*[27] [Inimigos das Coisas Permanentes: Observações sobre as Aberrações em Literatura e Política], de 1969, e *Redeeming the Time* foram inspirados por duas passagens da obra de Eliot, inúmeras vezes citadas em seus escritos ou palestras.

No caso específico de *Enemies of the Permanent Things*, vale notar que o próprio autor "acreditava que esse fosse, de certo modo, seu livro mais próximo de algo original e mais imaginativo".[28] A obra recebeu elogios de pensadores famosos, como Frederick D. Wilhelmsen (1923-1996), James V. Schall, S. J. e Eric Voegelin, sendo que o último, em carta datada de 27 de abril de 1970, escreveu o seguinte acerca do livro:

> Não é necessário dizer que estou imensamente impressionado com a abrangência de sua análise. A organização em duas partes sobre normas da Literatura e normas da Política é excelente

---

[26] Russell Kirk, *Decadence and Renewal in the Higher Learning: An Episodic History of American University and College since 1953*. South Bend, Gateway, 1978.

[27] O livro recebeu a seguinte reedição revista pelo autor: Russell Kirk, *Enemies of the Permanent Things: Observations of Abnormity in Literature and Politics*. Peru, Sherwood Sugden & Company, 1984.

[28] Russell Kirk, *The Sword of Imagination*, op. cit., p. 374.

porque permite acessar os problemas pelo estudo da Literatura que, de fato, nos dá mais informações sobre as questões da existência humana que os escritos políticos. De modo específico, isso lhe cria oportunidade para usar as coisas permanentes de T. S. Eliot como título. No capítulo que você dedica à minha obra, vejo uma tentativa heroica de tornar minhas intenções mais inteligíveis para uma maior audiência. A especificação entre filósofos e filodoxos deve, na verdade, ganhar maior circulação.

Além de Eric Voegelin, os escritos de Russell Kirk foram elogiados por diversos pensadores e literatos, dentre os quais se destacam pela notoriedade Leo Strauss (1899-1973), Wilhelm Röpke (1899-1966), Michael Oakeshott (1901-1990), Bruno Leoni (1913-1967), Roger Scruton e John A. Lukacs, bem como os previamente mencionados Flannery O'Connor, Ray Bradbury, Malcolm Muggeridge, Donald G. Davidson, Richard M. Weaver, Robert A. Nisbet, William Buckley, Jr., Gerhart Niemeyer e, até mesmo, o próprio T. S. Eliot. O elemento que mais impressionou esses famosos autores foi a erudição colossal associada à imensa capacidade de sintetizar contribuições teóricas diversas e de comunicar tais ideias de modo didático e elegante.

A admirável habilidade de Russell Kirk para compendiar de modo simples questões complexas se manifestou tanto nos já citados seis cânones em *The Conservative Mind* quanto nos famosos dez princípios conservadores em *A Política da Prudência*, sendo esses últimos a versão final de mais de quarenta anos de reflexões sobre a temática. Após defender como primeiro princípio que "o conservador acredita que há uma ordem moral duradoura",[29] o Cavaleiro da Verdade advogou como segundo e terceiro princípios a adesão "aos costumes, à convenção e à continuidade"[30] e a crença "no que se pode

---

[29] Idem, *A Política da Prudência*, op. cit., p. 105.

[30] Ibidem, p. 105.

chamar de princípio da consagração pelo uso"[31] [*prescription*], para, finalmente, apresentar como décimo princípio o entendimento de "que a permanência e a mudança devem ser reconhecidas e reconciliadas em uma sociedade vigorosa".[32] Esses princípios se relacionam diretamente com o que foi denominado pelo autor de o "problema da tradição", ao tentar solucionar como "a continuidade poderá unir geração a geração".[33]

O tradicionalismo kirkiano alerta para o risco de desconsiderar totalmente os princípios e costumes testados historicamente pela arrogância racionalista de erigir uma nova ordem moral, cultural ou social fundada nos caprichos humanos. Tal percepção se assemelha à ideia de C. S. Lewis (1898-1963) segundo a qual "cada geração exerce um poder sobre os seus sucessores e cada uma, na medida em que se rebela contra a tradição, limita o poder de seus predecessores e resiste a ele".[34] Ao discutir a noção de tradição em diferentes escritos, Russell Kirk muitas vezes se referiu às já citadas metáforas do "grande contrato primitivo da sociedade eterna" de Edmund Burke, da "democracia dos mortos" de G. K. Chesterton e, principalmente, das "coisas permanentes" e da "comunicação dos mortos" de T. S. Eliot. Outra alegoria recorrente é a dos "anões nos ombros de gigantes", atribuída à Bernardo de Chartres (fl. 1114-1130) por John de Salisbury (1120-1180) em 1159,[35]

---

[31] Ibidem, p. 106.

[32] Ibidem, p. 111.

[33] Idem, *Prospects for Conservatives*, op. cit., p. 14.

[34] C. S. Lewis, *A Abolição do Homem*. Trad. Remo Mannarino Filho. São Paulo, Martins Fontes, 2005, p. 54.

[35] "Bernardo de Chartres afirmou que somos como anões nos ombros de gigantes, de modo que podemos ver mais coisas e a maior distância que eles, não em virtude de qualquer agudeza no olhar ou de qualquer excelência física de nossa parte, mas porque somos sustentados no alto e elevados por sua gigantesca magnitude" (John of Salisbury, *The Metalogicon: A Twelfth-Century Defense of the Verbal and Logical Arts of the Trivium*. Intr., trad. e notas de Daniel D. McGarry. Berkeley, University of California Press, 1955. Livro III, p. 167).

utilizada, também, por autores modernos, como o Frei Diego de Estella, O.F.M. (1524-1578) em 1578,[36] Sir Isaac Newton (1642-1727) em 1676[37] e Samuel Taylor Coleridge em 1828.[38] O entendimento apresentado por essas imagens simbólicas se assemelha com inúmeras noções distintas,[39] dentre as quais se destacam o *mos maiorum* [tradições dos antepassados/costumes ancestrais] dos antigos romanos, tal como enobrecido pela pena de Marco Túlio Cícero;[40] o "estado social que lhes impõe a Providência",[41] de Alexis de Tocqueville; a "contínua tradição histórica",[42] de John Henry Newman; e até mesmo a "ordem espontânea".[43] de F. A. Hayek. O conservadorismo kirkiano ressalta que "a importância da tradição

---

[36] Didacus Stellae, *Eximii verbi divini Concionatoris Ordinis Minorum Regularis Observantiae*. Antuerpiae, Apud Petrum & Ioannem Belleros, 1622.

[37] Isaac Newton, *The Correspondence of Isaac Newton – Volume 1: 1661-1675*. Ed. H. W. Turnbull. Cambridge, Cambridge University Press, 1959, p. 416.

[38] Samuel Taylor Coleridge, *The Friend: A Serie of Essays to Aid the Formation of Fixed Principles in Politics, Morals, and Religion, with Literary Amusements Interspersed*, vol. I. London, Edward Moxon & Co., 1863, p. 278.

[39] A questão foi discutida de modo exaustivo em: Alex Catharino, "A Escola Austríaca entre a Tradição e a Inovação", op. cit., p. 313-15.

[40] "*Se Roma existe, é por seus homens e seus hábitos.*' A brevidade e a verdade desse verso fazem com que seja, para mim, um verdadeiro oráculo. Com efeito: sem nossas instituições antigas, sem nossas tradições veneradas, sem nossos singulares heróis, teria sido impossível aos mais ilustres cidadãos fundar e manter, durante tão longo tempo, o império de nossa República. Assim, antes de nossa época, vemos a força dos costumes elevar varões insignes, que por sua parte procuravam perpetuar as tradições dos seus antepassados" (*De Re Publica*, V,1). Utilizamos aqui a seguinte edição em português: Marco Túlio Cícero, *Da República*. Trad. e notas de Amador Cisneiros. São Paulo, Abril Cultural, 1973, p. 183.

[41] Alexis de Tocqueville, *A Democracia na América – Livro 1: Leis e Costumes*. Pref. François Furet; trad. Eduardo Brandão. São Paulo, Martins Fontes, 2005, p. 11.

[42] John Henry Newman, *The Idea of a University*. Ed. Frank M. Turner. New Heaven, Yale University Press, 1996. Parte I, Discurso V, §5, p. 83.

[43] F. A. Hayek, *Direito, Legislação e Liberdade: Uma Nova Formulação dos Princípios Liberais de Justiça e Economia Política – Volume I: Normas e Ordem*. Apres. Henry Maksoud; trad. Anna Maria Copovilla, José Ítalo Stelle, Manuel Paulo Ferreira e Maria Luiza X. de A. Borges. São Paulo, Visão, 1985, p. 35-59.

para o indivíduo e para a sociedade foi reconhecida por filósofos em todas as épocas".[44]

A rejeição da busca pelo futuro utópico dos progressistas não caracteriza o tradicionalismo kirkiano como uma proposta reacionária para restaurar a era de ouro mítica do passado idealizado ou como uma postura imobilista que tenta impedir qualquer transformação cultural ou social. Ao defender os mesmos princípios de Edmund Burke e de T. S. Eliot, o conservadorismo de Russell Kirk reconhece no sentido histórico existente uma constante dinâmica cultural entre permanências e mudanças. Esse aspecto foi ressaltado pelo pensamento eliotiano na seguinte passagem:

> Se a única forma de tradição, de transmissão, consistir em seguir os caminhos da geração imediatamente anterior à nossa numa adesão cega ou tímida nos sucessos, a "tradição" deve ser categoricamente desestimulada. Temos visto muitas correntes logo se perderem na areia; e a novidade é melhor que a repetição. A tradição é uma questão de significado muito mais amplo. Não pode ser herdada, e caso seja desejada, deve ser obtida com grande esforço. Envolve, em primeiro lugar, o sentido histórico, que podemos dizer quase indispensável para quem quer que queira continuar a ser poeta para além do vigésimo quinto ano de vida; e o sentido histórico encerra a percepção, não somente do aspecto pretérito do passado, mas de sua presença. O senso histórico compele o homem a escrever sem ter em vista apenas a própria geração, mas com a sensação de que toda a literatura da Europa, de Homero e, daí em diante, toda a literatura do próprio país, têm uma existência simultânea e compõe uma ordem simultânea. Esse sentido histórico, que é o sentido do atemporal bem como do temporal e do atemporal e temporal unidos, é o que torna um escritor tradicional. E é, ao mesmo tempo,

---

[44] Russell Kirk, *Prospects for Conservatives*, op. cit., p. 216.

o que torna um escritor vivamente consciente de seu lugar no tempo, de sua contemporaneidade.[45]

Ao reconhecer a conexão histórica entre o temporal e o atemporal, Russell Kirk entendeu que a verdadeira "tradição tem vida; contribuímos com ela e somos por ela alimentados",[46] visto que "a essência da tradição é a preservação da continuidade no meio da mudança".[47] A noção de tradição defendida por Kirk pode ser compreendida de uma maneira melhor pelas seguintes palavras de Eliot:

> Tradição não é única, ou mesmo primeiramente, a manutenção de certas crenças dogmáticas; essas crenças vieram a ganhar forma vívida no decorrer da formação de uma tradição. O que chamo de tradição abrange todas aquelas ações usuais, hábitos e costumes, que vão do rito religioso mais significativo ao nosso modo convencional de saudar um estranho, que representam os laços de sangue de um "mesmo povo que vive num mesmo lugar". Encerra muito do que pode ser chamado de *tabu* – tal palavra ser utilizada em nossa época em um sentido exclusivamente depreciativo é, para mim, uma curiosidade de algum relevo. Tornamo-nos conscientes desses detalhes, ou conscientes de sua importância, geralmente, só depois de terem caído em desuso, como tomamos ciência das folhas de uma árvore quando o vento de outono começa a fazê-las cair, quando cada uma delas já perdera a vida.[48]

O discernimento apresentado por T. S. Eliot e Russell Kirk acerca da tradição está relacionado à definição de cultura partilhada por

---

[45] T. S. Eliot, "Tradition and Individual Talent". In: *Selected Essays: 1917-1932*. New York, Harcourt, Brace and Company, 1932, p. 4.

[46] Russell Kirk, *A Era de T. S. Eliot*, op. cit., p. 199.

[47] Idem, *Prospects for Conservatives*, op. cit., p. 217.

[48] T. S. Eliot, *After Strange Gods: A Primer of Modern Heresy*. London, Faber and Faber, 1934, p. 18.

ambos, que é a mesma encontrada nos escritos de Christopher Dawson. Kirk ressaltou que, "dos pensadores sociais de seu tempo, nenhum influenciou mais Eliot do que Dawson".[49] Nas obras *The Idea of a Christian Society* e *Notas para uma Definição de Cultura*, por um lado, Eliot reconheceu o débito com os estudos realizados pela historiografia dawsoniana, ao passo que, por outro lado, Dawson também prestou tributo ao pensamento eliotiano ao afirmar que:

> Eliot adotou o conceito sociológico moderno de cultura, significando o modo de vida comum de um povo em particular, baseado numa tradição social que se expressa em suas instituições, em sua literatura e em sua arte. Concordo totalmente com Eliot em sua definição, que é também a minha. Acredito que esse entendimento sobre a cultura se tornou indispensável para o historiador e para o sociólogo.[50]

A análise eliotiana ressalta "que nenhuma cultura surgiu ou se desenvolveu a não ser acompanhada por uma religião".[51] Nessa mesma linha de raciocínio, o pensamento historiográfico dawsoniano entende que "a religião é a grande força criativa da cultura", ao acentuar que "quase toda cultura histórica foi inspirada e constituída por alguma grande religião".[52] Alicerçado nesses fundamentos, Kirk sustenta que "cultura procede de culto", visto que esse é "uma reunião para adoração – isto é, uma tentativa das pessoas de comungar com um poder transcendente".[53] Mesmo tendo reconhecido que a esfera religiosa está fora do controle social, visto que "o instinto religioso

---

[49] Russell Kirk, *A Era de T. S. Eliot*, op. cit., p. 477.

[50] Christopher Dawson, "O Significado da Cultura em T. S. Eliot". In: *Dinâmicas da História do Mundo*. Ed., pref., intr. e posf. John J. Mulloy; intr. Dermot Quinn; pref. e trad. Maurício G. Righi. São Paulo, É Realizações, 2010, p. 186.

[51] T. S. Eliot, *Notas para a Definição de Cultura*, op. cit., p. 15.

[52] Christopher Dawson, "O Significado da Cultura em T. S. Eliot", op. cit., p. 191.

[53] Russell Kirk, *A Política da Prudência*, op. cit., p. 264.

primário é o da dependência de poderes sobre-humanos",⁵⁴ Dawson salientou que "a relação entre religião e cultura é simplesmente o corolário social da relação entre *Fé* e *Vida*".⁵⁵ Esse vínculo é ressaltado por Kirk do seguinte modo:

> Uma vez reunidas no culto, se torna possível a cooperação para várias outras coisas. A agricultura sistemática, a defesa armada, a irrigação, a arquitetura, as artes visuais, a música, as técnicas mais intricadas, a produção e a distribuição econômica, as cortes e o governo – todas as características de uma cultura surgem gradualmente do culto, da ligação religiosa. E, particularmente, a rede de normas morais, de regras para a conduta humana, é produto das crenças religiosas.⁵⁶

T. S. Eliot explicitou que a "concepção de religião e de cultura" que define cada um dos termos como "diferentes aspectos da mesma coisa" afasta dois erros complementares perpetrados pela maioria das abordagens desses temas. O primeiro deles, e o mais amplamente cometido, é a crença de que "a cultura pode ser preservada, ampliada e desenvolvida na ausência da religião". O segundo erro é a convicção de que "a preservação e a manutenção da religião não precisam contar com a preservação e a manutenção da cultura".⁵⁷ Segundo Christopher Dawson, tal perspectiva "está defendendo o que é comumente descrito como 'valores espirituais' de nossa tradição ocidental, contra a degradação e achatamento de que é vítima".⁵⁸ Algumas vezes denominado conservadorismo cultural, o tradicionalismo de Russell Kirk ecoou as

---

⁵⁴ Christopher Dawson, *Progresso e Religião: Uma Investigação Histórica*. Apres. Joseph T. Stuart; pref. Christina Scott; intr. Mary Douglas; trad. Fabio Faria. São Paulo, É Realizações, 2012, p. 127.

⁵⁵ Idem, "O Significado da Cultura em T. S. Eliot", op. cit., p. 190.

⁵⁶ Russell Kirk, *A Política da Prudência*, p. 265.

⁵⁷ T. S. Eliot, *Notas para a Definição de Cultura*, op. cit., p. 33.

⁵⁸ Christopher Dawson, "O Significado da Cultura em T. S. Eliot", op. cit., p. 185.

análises eliotiana e dawsoniana ao sintetizar os pontos fundamentais dessas com as seguintes palavras:

> Meu argumento é que a cultura elaborada que conhecemos encontra-se em sério perigo; que a nossa civilização poderá acabar pela letargia, ser destruída pela violência, ou perecer pela combinação desses males. Os conservadores culturais, acreditando que a "vida segue valendo a pena", estão começando a dirigir-se, insistentemente, aos meios pelos quais é possível restaurar a cultura recebida. Tal grupo, muito mais do que as outras facções por vezes chamadas de conservadoras, precisam da imaginação moral. A restauração do saber, humano e científico; a reforma de muitas políticas públicas; o esclarecimento dos pontos remotos em que tardamos – tais linhas de ação estão abertas àqueles da geração emergente que buscam um propósito na vida.
>
> Tal restauração, um trabalho diligente da razão e da imaginação, não pode ser realizada pelo ideólogo, o revolucionário violento. [...] Caso os modernos recebam ou não um sinal vindo do alto, tais homens e mulheres que, com premência, se preocupam com a ordem moral e com a sobrevivência de uma alta cultura, precisam retornar à fonte da cultura: a percepção religiosa do que somos, ou deveríamos ser, aqui embaixo.[59]

---

[59] Russell Kirk, *A Política da Prudência*, p. 269.

## 4. "É O FARDO QUE LHE FOI DESTINADO": A ANÁLISE DO *CORPUS* ELIOTIANO POR RUSSELL KIRK

O grande drama da mentalidade moderna foi a substituição da disciplinada normatividade que o senso religioso oferece pela ilusão das promessas utópicas outorgadas pelas diferentes ideologias seculares. Como peregrino na terra desolada, Russell Kirk compreendeu que "a negação da fé, por muitos intelectuais racionalistas, causou a 'Era da Aflição' e provocou para a grande massa da humanidade a 'Era da Ideologia'".[1] Os homens ocos que se acreditaram totalmente livres dos grilhões da antiga fé por não mais louvar a Deus acabaram prestando honras aos tiranos ou demagogos, representados pelas tenebrosas figuras de Vladimir Lenin (1870-1924), Benito Mussolini (1883-1945), Franklin Delano Roosevelt (1882-1945), Adolf Hitler (1889-1945), Joseph Stalin (1878-1953), Getúlio Vargas (1882-1954), Francisco Franco (1892-1975), Mao Tsé-Tung (1893-1973) e tantos outros que povoaram o cenário político do século XX. As pilhas de cadáveres ideológicos criados pelas guerras, campos de concentração ou políticas econômicas desastrosas são os frutos da substituição da autoridade do Cristo pelo culto aos césares da modernidade. Antes de o sangue ter manchado em proporções colossais a história do século passado, T. S. Eliot alertara, em 1931, sobre as ameaças que se avizinhavam:

> A Igreja universal atualmente se encontra, ao que me parece, mais em oposição ao mundo do que em qualquer outra época

---

[1] Russell Kirk, *A Era de T. S. Eliot*, op. cit., p. 306.

desde a Roma pagã. Não quero dizer que nossa época seja particularmente corrupta; todas as épocas são corruptas. Quero dizer que o cristianismo, a despeito de certas manifestações locais, não está, nem pode estar, dentro de uma época mensurável, "oficial". O mundo está realizando o experimento de tentar uma forma de mentalidade civilizada, porém não cristã. A experiência irá falhar; mas devemos ser pacientes em esperar o colapso. Neste ínterim, recuperemos o tempo: para que a fé possa ser preservada viva ao longo da era das trevas que surge diante de nós; para renovar e reconstruir a civilização, para salvar o mundo do suicídio.[2]

O século XX se tornou o palco para o martírio de inúmeros cristãos,[3] que preferiram manter o zelo pela fé, não se deixando entorpecer pelo ópio das ideologias. Infelizmente, em nossos dias, a perseguição e o martírio ainda são tristes realidades para muitas comunidades cristãs, até mesmo em países democráticos. A temática da luta entre a consciência individual e o poder político foi apresentada no teatro eliotiano pela resignação de Santo Thomas Becket (1118-1170) no drama histórico *Murder in Cathedral*, em 1935; de modo semelhante, a libertação das tolices do tempo em consequência do testemunho do martírio figura no relato da morte da personagem Celia Coplestone na peça *The Cocktail Party*, em 1949. Amparado nos ombros de gigantes, Russell Kirk conseguiu enxergar o cerne das profecias de T. S. Eliot, ao compreender a vocação do homem de letras com o respectivo vaticínio:

> O escritor criativo, o crítico literário e o professor de literatura são herdeiros de uma antiga ordem civilizada. Caso faltem com o dever normativo, ou traiam sua cultura com o ideólogo, não saem impunes. Pagam com as vidas, às vezes, pela deserção; sempre

---

[2] T. S. Eliot, "Thoughts after Lambeth". In: *Selected Essays: 1917-1932*, op. cit., p. 332.

[3] Robert Royal, *Os Mártires Católicos do Século XX: Uma História do Tamanho do Mundo*. Trad. Ana Sassetti da Mota. Cascais, Principia, 2001.

pagam com a perda da liberdade. Um controle social desumano, que trata literatos como propagandistas políticos servis – ou como inimigos que devem ser extirpados –, toma o lugar da ordem das coisas permanentes.[4]

Nas palavras de Benjamin G. Lockerd, Jr., "nenhum outro intelectual esteve em posição melhor para entender" a vida e os escritos de T. S. Eliot do que Russell Kirk, pois além de ter conhecido bem o poeta e ensaísta, "tinha lido quase os mesmos escritos, e tinham muitos amigos em comum", por fim, ambos "lutavam as mesmas batalhas intelectuais e culturais em lados opostos do Atlântico".[5] A comunhão intelectual entre os dois permitiu a Kirk captar de modo preciso os aspectos fundamentais dos trabalhos artísticos e dos ensaios do poeta, desde a primeira análise em 1953 até o monumental *A Era de T. S. Eliot* e os demais estudos posteriores sobre a temática.

O artigo "Two Plays on Resignation"[6] [Duas Peças sobre Resignação] acerca da comédia *The Confidential Clerk* de T. S. Eliot e do drama histórico *Fotheringhay* de George Scott-Moncrieff foi o primeiro estudo sistemático de Russell Kirk sobre a produção artística eliotiana. Kirk relata que, por um lado, existem algumas semelhanças de estrutura entre *The Confidential Clerk* com a comédia *The Importance of Being Earnest* [A Importância de Ser Prudente] de Oscar Wilde (1854-1900), o que possibilita que o texto mantenha alguns elementos cômicos. Por outro lado, percebe que na peça de Eliot existem alguns ecos do drama *Vildanden* [O Pato Selvagem], de Henrik Ibsen (1828-1906), que alertam sobre os riscos de a verdade buscada acerca de nós mesmos ser capaz de levar-nos à própria ruína. Desse modo, Kirk ressalta que só é possível rir de algumas passagens de *The Confidential Clerk* no mesmo espírito que

[4] Russell Kirk, *Enemies of the Permanent Things*, op. cit., p. 73.

[5] Benjamin G. Lockerd, Jr., "Introdução para a Terceira Edição Norte-Americana", op. cit., p. 132-33.

[6] Russell Kirk, "Two Plays of Resignation". *The Month*, Oct. 1953, p. 223-29.

Demócrito (460-370 a.C.) o fez em sua busca pela sabedoria, pois a peça é profundamente triste como o poema "The Waste Land". Nessa típica comédia dos erros, as personagens são pessoas comuns, assombradas pela solidão e pela tristeza dos talentos frustrados, que refletem o drama de nossa época, na qual a dissolução da comunidade de almas impossibilita a criação de laços tanto com as gerações passadas quanto com as vindouras. Essa análise elaborada em 1953 não sofreu mudanças substanciais em relação à interpretação mais profunda apresentada dezoito anos depois em *A Era de T. S. Eliot*.[7] A interpretação da peça impressionou Eliot, que em carta de 28 de outubro de 1953 para Kirk, escreveu:

> É surpreendente encontrar um crítico que penetre tão profundamente na peça apenas pelo que viu numa única apresentação, sem ter podido ler o texto. Fico pensando quando ou se outros críticos virão assistir à peça a partir de algo como o seu ponto de vista. Parece que alguns intelectuais são da impressão de que *The Confidencial Clerk* é uma farsa um tanto malsucedida.

Em parte, a aprovação do poeta e dramaturgo foi o que inspirou o projeto de escrever o livro *The Age of Eliot*, relatado na carta de 10 de setembro de 1953. A partir dessa época, o pensamento eliotiano passou a ocupar um espaço crescente nos escritos de Russell Kirk. Nos ensaios da coletânea *Beyond the Dreams of Avarice: Essays of Social Critic*[8] [Além dos Sonhos de Avareza: Ensaios de Crítica Social], de 1956, na qual é apresentada a mais sistemática crítica kirkiana à ideologia liberal contemporânea, as citações de T. S. Eliot e de Eric Voegelin são constantes, sendo superadas apenas pelas referências a Edmund Burke e a Orestes Brownson. Em carta para o editor Henry Regnery, datada de 24 de julho de 1957, Eliot escreveu que o livro "em geral é

---

[7] Idem, *A Era de T. S. Eliot*, op. cit., p. 559-73.

[8] Lançada originalmente pela Regnery, a obra foi republicada na seguinte edição revista: Russell Kirk, *Beyond the Dreams of Avarice: Essays of Social Critic*. 2. ed. Peru, Sherwood Sugden & Company, 1991.

excelente", além de ressaltar que, apesar de acreditar que a obra atrairia "menos interesse dos leitores britânicos do que dos norte-americanos", era "muito simpático à visão de Kirk".

O projeto de escrever o livro *The Age of Eliot*, no entanto, foi adiado por inúmeros outros afazeres de Kirk, alguns dos quais acompanhados com entusiasmo por Eliot. Em carta para Regnery, datada de 5 de setembro de 1957, além de elogiar o excelente trabalho de Kirk como editor do periódico *Modern Age*, Eliot demonstrou interesse nos projetos do já citado *The American Cause* e do livro *Edmund Burke: A Genius Reconsidered* [Edmund Burke: Redescobrindo um Gênio],[9] cogitando a possibilidade de publicar o último pela Faber & Faber em uma edição britânica. Contudo, o poeta e ensaísta via com preocupação o envolvimento do Mago de Mecosta com a *National Review*, tal como expresso em algumas cartas para Kirk, como, por exemplo, a de 7 de dezembro de 1955, em que ressaltou o espanto, após ler William Buckley, Jr., com o modo como o jornalista "seguia violentamente para alguns extremos" e como o livro dele parecia um "exemplo de substituição de um erro por outro", além de ter lamentado, em 13 de janeiro de 1956, o fato de nas discussões políticas nos Estados Unidos haver "muitas ofensas e vitupérios, muito pouco debate sobre os princípios políticos, ou uma ausência de princípios", e, finalmente, em 17 de junho de 1959, apresentar a expectativa de que o trabalho jornalístico de Kirk, em especial na *National Review*, não atrapalhasse o projeto no esperado livro sobre Burke. De modo diverso, Eliot aprovou com júbilo a iniciativa da *Modern Age*, tal como expresso em carta de 3 de fevereiro de 1958 para Kirk, na qual também comenta com surpresa o romance *Old House of Fear* ao afirmar: "Quão impressionantemente

---

[9] A obra foi publicada originalmente em 1967 pela Arlington House. Uma edição revista pelo autor foi impressa em 1988 pela Sherwood Sudgen e uma nova versão revisada por Jeffrey O. Nelson apareceu postumamente na seguinte edição: Russell Kirk, *Edmund Burke: A Genius Reconsidered*. 3. ed. Ed. Jeffrey O. Nelson, pref. Roger Scruton. Wilmington, ISI Books, 1997. O livro será publicado, com tradução de Márcia Xavier de Brito, pela É Realizações Editora, com o título *Edmund Burke: Redescobrindo um Gênio*.

versátil e prolífico és. Agora escrevestes o que nunca suspeitaria de ti – histórias de fantasmas!"

Em paralelo aos demais projetos desenvolvidos entre o final da década de 1950 até meados de 1960, Russell Kirk não abandonou "*o fardo que lhe foi destinado*"[10] e perseverou na ideia de escrever um livro sobre a vida, a obra e a época de T. S. Eliot. Nas memórias *Confessions of a Bohemian Tory*, de 1963, incluiu um breve relato sobre a amizade com Eliot,[11] que, posteriormente, foi reproduzido em versão ampliada na autobiografia *The Sword of Imagination*.[12] Na última carta endereçada para Kirk, em 25 de agosto de 1964, Eliot informou ao amigo que enviara uma nota para o American Council of Learned Society recomendando o financiamento do projeto do livro *The Age of Eliot* e que providenciara a cópia de todas as cartas enviadas por Kirk entre junho de 1953 e junho de 1963, além de escrever que esperava reencontrar o amigo quando estivesse a caminho da Escócia, "o país cuja nacionalidade pareces adotar, sem dúvida com todo direito". Infelizmente, os dois não tiveram a oportunidade de se reencontrar nessa vida. O poeta e ensaísta faleceu em 4 de janeiro de 1965, no mesmo dia em que, de acordo com o relato de Annette Kirk, antes de viajar para África do Sul, Russell Kirk e ela jantaram no Hotel Hyde Park em Londres, discutindo a influência de T. S. Eliot para a nossa era, concidentemente, na mesma mesa em que os dois amigos estiveram juntos dez anos antes. Um obituário em homenagem à memória de Eliot foi publicado em 14 de janeiro de 1965 no *Los Angeles Times*,[13] no qual, além de apontar as principais contribuições do poeta e ensaísta, Kirk revelou ao grande público que estava trabalhando há alguns anos na pesquisa de um livro denominado *The Age of Eliot*.

---

[10] T. S. Eliot, *Cocktail Party*. In: *T. S. Eliot: Obra Completa – Volume II: Teatro*, op. cit., p. 415.

[11] Russell Kirk, *Confessions of a Bohemian Tory*, op. cit., p. 175-76.

[12] Idem, *The Sword of Imagination*, op. cit., p. 212-16.

[13] Idem, "The Genius of T. S. Eliot". *Los Angeles Times*, Jan. 14, 1965, (II) 6.

Em carta endereçada a Eric Voegelin em 30 de janeiro de 1968, Russell Kirk informa que havia começado a trabalhar de modo mais sistemático em seu livro sobre T. S. Eliot, que há muito tempo estava sendo postergado. Na resposta para Kirk, datada de 12 de fevereiro do mesmo ano, Voegelin solicita mais informações sobre *Age of Eliot*, cujo título, apesar de não oferecer maiores detalhes sobre o plano da obra, despertou nele muito interesse, pois estava lendo bastante sobre Eliot e sentia que começara a entender a profundidade dos *Four Quartets*. Em 16 de junho, Kirk respondeu a Voegelin informando apenas que o subtítulo do livro seria *The Moral Imagination in the Twentieth Century*. Após mais de dois anos, em 20 de junho de 1970, Kirk informou a Voegelin que em meados do verão daquele ano o livro estaria pronto, permitindo o retorno ao projeto da obra *The Roots of America Order*. Finalmente, em 19 de julho de 1971, Kirk revelou para Voegelin que as provas da diagramação de *Eliot and His Age* já haviam sido enviadas, que o filósofo era citado no texto e que a obra seria um estudo crítico essencialmente sobre o pensamento moral e social de Eliot. Quatro passagens no primeiro capítulo de *A Era de T. S. Eliot* desnudam melhor a intenção do autor:

> Este livro é um esforço para, ao mesmo tempo, criticar um importante conjunto literário e relacionar essa literatura aos acontecimentos, circunstâncias e expectativas da civilização deste século.[14]

> Por poemas, peças e ensaios, Eliot esperava convencer a sua época – por meio do que escrevia, não pelo que experimentava na vida privada; e, neste espírito, o presente livro foi realizado.[15]

> Meu objeto, no presente livro, é examinar a significância das convicções de Eliot para nossa época e determinar

---

[14] Idem, *A Era de T. S. Eliot*, op. cit., p. 135.

[15] Ibidem, p. 139.

a perspectiva social do escritor mais eminente da primeira metade do século XX.[16]

Este livro pode ajudar a explicar a poderosa relevância do pensamento e das imagens de Eliot para os irascíveis descontentes de hoje.[17]

Antes de a esperada obra ser lançada, Russell Kirk publicou o artigo "T. S. Eliot's Permanent Things"[18] [As Coisas Permanentes de T. S. Eliot], posteriormente incluído no livro *Enemies of Permanent Things*.[19] No ensaio são ressaltados três princípios fundamentais da defesa eliotiana das coisas permanentes, a saber:

> Primeiramente, [Eliot] foi tocado por aquilo que Unamuno chamou de "sentimento trágico da vida", o conhecimento cristão de que o homem nunca será como os deuses, todos somos criaturas imperfectíveis, necessariamente descontentes mesmo em nossos triunfos perceptíveis.[20]

> Em segundo lugar, Eliot acatava a sabedoria de nossos antepassados: o patrimônio hebraico, cristão e clássico da cultura incorporado na tradição.[21]

> Em terceiro lugar, Eliot busca recuperar a ideia de uma sociedade cristã, em que a ordem, a justiça e a liberdade cheguem à plenitude de expressão em um mundo irremediavelmente imperfeito.[22]

---

[16] Ibidem, p. 142.

[17] Ibidem, p. 143.

[18] Idem, "T. S. Eliot's Permanent Things". *Religion and Society*, vol. 1, n. 3, May, 1968, p. 6-13.

[19] Idem, *Enemies of the Permanent Things*, op. cit., p. 51-62.

[20] Idem, "T. S. Eliot's Permanent Things", op. cit., p. 7.

[21] Ibidem, p. 7.

[22] Ibidem, p. 8.

Essa síntese não figura em *A Era de T. S. Eliot*, mas com pequenas variações foi incluída em *The Sword of Imagination*[23] e noutra versão com mais modificações no texto inédito "Thomas Stearns Eliot: A Testimony" [Thomas Stearns Eliot: Um Testemunho], apresentado como palestra, no dia 26 de maio de 1989, durante um simpósio em Monza, na Itália. Na coletânea *Enemies of Permanent Things*, o ensaio "T. S. Eliot's Permanent Things" foi publicado na íntegra como parte final do artigo "The Purpose of Humane Letters" [O Propósito das Humanidades],[24] que também discute como a natureza imita a arte e a abordagem literária da consciência normativa. Tendo como principal fonte o pensamento eliotiano, a obra apresenta, ainda de forma embrionária, as primeiras análises sobre a imaginação moral, um tema imprescindível para o entendimento do pensamento conservador de Russell Kirk.

O termo "imaginação moral" foi criado originalmente por Edmund Burke como uma metáfora para descrever a maneira pela qual os revolucionários franceses, pautados em falácias ideológicas, estavam promovendo a destruição dos costumes civilizatórios tradicionais que por gerações foram sustentados pelo espírito religioso e pelo sentimento de cavalheirismo. Na obra *Reflections on the Revolution in France* [Reflexões sobre a Revolução em França], publicada pela primeira vez em 1790, Burke afirmou:

> Agora, no entanto, tudo está para mudar. Todas as ilusões agradáveis que tornaram o poder moderado e a obediência generosa, que harmonizavam os diferentes matizes da vida e que por assimilação suave incorporaram na política sentimentos que embelezam e amenizam a sociedade privada estão para ser suprimidos por esse novo império conquistador de luz e razão. Toda a roupagem decente da vida está para ser rudemente arrancada. Todas as ideias

---

[23] Idem, *The Sword of Imagination*, op. cit., p. 214-15.

[24] Idem, *Enemies of the Permanent Things*, op. cit., p. 41-62.

ajuntadas, oferecidas no guarda-roupa de uma imaginação moral que o coração possui e o entendimento ratifica como necessária para esconder os defeitos de nossa natureza árida e corrompida e para erguê-la à dignidade de nossa estima, estão para ser rebentadas como uma moda ridícula, absurda e antiquada.[25]

A expressão cunhada pela retórica burkeana tomou dimensões mais amplas nas reflexões de Russell Kirk, que, ao relacionar o *insight* do parlamentar irlandês com algumas ideias de outros pensadores, desenvolveu um novo conceito, segundo o qual a imaginação moral é "o poder de percepção ética que atravessa as barreiras da experiência individual e de eventos momentâneos", ao aspirar a "apreensão da ordem correta da alma e da ordem correta da comunidade política" e, simultaneamente, informar "sobre a dignidade da natureza humana".[26] A imaginação moral pode ser entendida como a "capacidade distintamente humana de conceber a pessoa como um ser moral" e, ao mesmo tempo, como "o processo pelo qual o *eu* cria metáforas a partir de imagens" e de experiências "captadas pelos sentidos", armazenadas na mente e, posteriormente, "empregadas para descobrir e julgar" os padrões éticos em realidades concretas.[27] Em linhas gerais, o conceito kirkiano de imaginação moral se assemelha tanto às metáforas do "contrato primitivo da sociedade eterna"[28] de Edmund Burke e da "democracia dos mortos"[29] de G. K. Chesterton quanto com a noção descrita como *Tao* por C. S. Lewis para explicar os princípios expressos pela Lei Natural, denominados, também, como "moral tradicional,

---

[25] Edmund Burke, *Reflections on the Revolution in France*, op. cit., p. 332-33.

[26] Russell Kirk, "A Imaginação Moral". Trad. Gustavo Santos; notas de Alex Catharino. COMMUNIO: *Revista Internacional de Teologia e Cultura*, vol. XVIII, n. 1, Ed. 101 / jan.-mar. 2009, p. 103-19. Cit. p. 104.

[27] Alex Catharino, "Kirk, Russell (1918-1994)", op. cit., p. 292.

[28] Edmund Burke, *Reflections on the French Revolution*, op. cit., p. 359.

[29] G. K. Chesterton, *Ortodoxia*, op. cit., p. 69.

primeiros princípios da razão prática ou primeiros lugares-comuns".[30] Tais normas "são expressões práticas do que a humanidade aprendeu na escola das quedas e tropeços".[31]

Na perspectiva kirkiana "o que chamamos de 'imaginação moral' tem relação com o 'sentido ilativo'".[32] A noção de sentido ilativo, por sua vez, foi desenvolvida pelo cardeal John Henry Newman, que a definiu como "a faculdade raciocinante, enquanto exercida por mentes dotadas, educadas ou diversamente preparadas", cuja função se apresenta "no início, no meio e no termo de toda discussão verbal e de toda indagação, e em cada passo do processo".[33] De forma sintética, Russell Kirk apresentou o conceito newmaniano de sentido ilativo como um "produto combinado da intuição, do instinto, da imaginação e da longa e complexa experiência".[34]

O entendimento de imaginação aqui apresentado não deve ser interpretado à luz da terminologia consagrada pela filosofia platônica, mas a partir da definição de Samuel Taylor Coleridge, que, no capítulo XIII da obra *Biographia Literaria*, de 1817, descreveu a imaginação traçando um paralelo entre a concepção vital da natureza e a visão da mente como geradora na aquisição do conhecimento. Nessa concepção, a mente humana impõe ordem e forma sobre as informações dos sentidos, sendo dividida em duas faculdades imaginativas distintas – a *"imagination"* e a *"fancy"* – que operam ao mesmo tempo, cada uma exercendo funções diferentes, a primeira de modo produtivo e a segunda de modo reprodutivo. Por um lado, a *imagination* pode ser considerada em duas formas distintas, a saber: 1) a "imaginação primária"

[30] C. S. Lewis, *A Abolição do Homem*, op. cit., p. 12.

[31] Russell Kirk, "A Arte Normativa e os Vícios Modernos", op. cit., p. 1014.

[32] Idem, *A Era de T. S. Eliot*, op. cit., p. 184.

[33] John Henry Newman, *Ensaio a Favor de uma Gramática do Assentimento*. Trad. e apr. Artur Morão. Lisboa, Assírio & Alvim, 2005, p. 355.

[34] Russell Kirk, *The Conservative Mind: From Burke to Eliot*, op. cit., p. 285.

que age de forma "ativa" no processo de criação como "a potência viva e o primeiro agente de toda a percepção humana", sendo "uma repetição, na mente finita, do eterno ato de criação do 'eu sou' infinito", que possui uma qualidade divina, um poder de criação ilimitado, comparado ao gênio poético; 2) a "imaginação secundária", que é "um eco da primeira, coexistindo com a vontade consciente, ainda assim idêntica à primária quanto ao tipo de ação, diferindo apenas em grau e em modo de operar", sendo uma versão mais restrita da imaginação primária, agindo por associação. Por outro lado, enquanto um tipo de imaginação reprodutiva, a *fancy* é a "memória emancipada da ordem do tempo e do espaço, embora misturada e modificada pelo fenômeno empírico da vontade, que expressamos pela palavra Escolha", e que, para jogar, dispõe das cartas das "imutabilidades e definições", que só existem por atos de percepção anteriores formados pela imaginação, associando atos imaginativos percebidos, da mesma maneira como a memória comum de um fato difere do primeiro momento em que tal fato foi pensado.[35]

As duas faculdades, portanto, operam em colaboração e o artista deve buscar um equilíbrio entre elas, muito embora a imaginação produtiva seja a única que realmente contribui para o verdadeiro processo criativo. Na palestra "Eliot's Christian Imagination" [A Imaginação Cristã de Eliot], ministrada, em 1988, no evento organizado pela T. S. Eliot Society para celebrar o centenário do poeta, Russell Kirk afirmou que "T. S. Eliot possuía ambos os tipos de imaginação quase à perfeição – o tipo reprodutivo, muitas vezes para sua inquietação, e o tipo produtivo, com uma autoridade que lhe permitia despejar vinho novo em talhas de dogma cobertas de teias de aranha".[36]

---

[35] S. T. Coleridge, *Biographia Literaria – Volume I*. Ed. J. Shawcross. Oxford, Clarendon Press, 1907, p. 202.

[36] Russell Kirk, "Eliot\'s Christian Imagination". In: Jewel Spears Brooker (ed.), *The Placing of T. S. Eliot*. Columbia, University of Missouri Press, 1991, p. 136-44. Cit. p. 137.

Além de estar sustentada nas reflexões de Edmund Burke, de John Henry Newman, de Samuel Taylor Coleridge, de Irving Babbitt e de T. S. Eliot, a noção kirkiana de imaginação moral reflete uma concepção sacramental da realidade, oriunda dos escritos de G. K. Chesterton, de C. S. Lewis e de J. R. R. Tolkien, que fizeram Russell Kirk perceber toda a vida como uma alegoria só compreendida por parábolas. A raiz da concepção sacramental compartilhada pelos três literatos que influenciaram tal percepção kirkiana se fundamenta nas reflexões do literato George MacDonald (1824-1905), que entende a imaginação humana como uma faculdade "feita à imagem da imaginação de Deus".[37] A imaginação é o "guarda-roupas inextinguível para vestir o pensamento humano".[38] "A imaginação sábia, que é a presença do Espírito de Deus, é o melhor guia que o homem ou a mulher podem ter",[39] pois, no papel de arquiteta da mente, a função da imaginação é dar forma ao pensamento e estabelecer relações poéticas entre os sentimentos e a razão.[40] Por isso, segundo o autor, "cultivar somente o intelecto nunca reduzirá as paixões", pois "a imaginação, buscando o ideal em tudo", é o que "as elevará ao seu verdadeiro e nobre serviço".[41]

A partir dos fundamentos apresentados acima, a imaginação moral pode ser entendida como parte de um processo individual para a revelação do sentido e do propósito da vida, que transcende à "necessidade natural", pois, não é um mero instinto, sendo, ao mesmo tempo, "atributo e expressão de liberdade, paixão e razão".[42] As nor-

---

[37] George MacDonald, *A Dish of Orts: Chiefly Papers on the Imagination, and on Shakespeare*. London, Sampson Low, Marston & Company, 1893, p. 3.

[38] Ibidem, p. 9.

[39] Ibidem, p. 28.

[40] Ibidem, p. 35.

[41] Ibidem, p. 30.

[42] Vigen Guroian, "A Imaginação Moral e os Contos de Fadas". Trad. e notas de Márcia Xavier de Brito. COMMUNIO: *Revista Internacional de Teologia e Cultura*, vol. XXVII, n. 1, Ed. 97 / jan.-mar. 2008, p. 185-202. Cit. p. 190.

mas apresentadas pela imaginação moral são "inferidas dos séculos de experiência humana", sendo "novamente expressas de uma era para a outra".[43] De acordo com Irving Babbitt, "a verdadeira visão da imaginação disciplinada é indispensável caso se queira lucrar pela experiência", no entanto, essa é "uma tarefa que se torna crescentemente difícil, dependendo do envolvimento na própria experiência que se tem, ou na de contemporâneos, ou nas dos passados remoto e próximo".[44] Nas palavras de Russell Kirk, "quando a imaginação moral se enriquece, as pessoas se percebem capazes de grandes coisas", no entanto, o empobrecimento dessa percepção ética impossibilita a ação eficaz e a "própria sobrevivência, a despeito da abundância de recursos materiais".[45]

O processo criativo da imaginação moral é contraposto às duas formas anárquicas e corrompidas de imaginário. Sustentadas em visões ideológicas ou niilistas acerca da condição humana e da natureza da sociedade, esses tipos de imaginação degeneradas colaboram com o processo de desagregação normativa, visto que "à medida que a literatura se afunda na perversidade, da mesma forma a civilização moderna se desfaz em ruínas",[46] pois "a boa e a má literatura exercem influência poderosa sobre o caráter privado e sobre a organização política da sociedade".[47]

O primeiro tipo degenerado é a forma anárquica que, nutrida pelos ideais românticos de Jean-Jacques Rousseau e seus epígonos, foi denominada por Irving Babbitt de "imaginação idílica". O romantismo apresentado pelo humanitarismo sentimental rousseauniano, tal como descrito por Russell Kirk, é um "impulso pérfido para romper com o

---

[43] Russell Kirk, *A Era de T. S. Eliot*, op. cit., p. 140.

[44] Irving Babbitt, *Democracia e Liderança*. Pref. Russell Kirk; trad. Joubert de Oliveira Brízida. Rio de Janeiro, Topbooks, 2003, p. 169.

[45] Russell Kirk, "A Arte Normativa e os Vícios Modernos", op. cit., p. 993.

[46] Idem, "A Imaginação Moral", op. cit., p. 106.

[47] Idem, "A Arte Normativa e os Vícios Modernos", op. cit., p. 993.

que Burke havia chamado de 'o contrato da sociedade eterna' e para substituir a obrigação moral pelo culto de um egoísmo temerário".[48] Babbitt afirma que sua preocupação "é com a relação desse tipo de imaginação com o moderno idealismo político", pois "o agitador apela principalmente a ela quando instiga a multidão com suas imagens da felicidade que deverá sobrevir depois da destruição da ordem social vigente".[49] Um discípulo do Mago de Mecosta, o professor Vigen Guroian, apresenta a respectiva síntese dos riscos desse tipo de imaginário utópico:

> O eu que é apanhado pela imaginação idílica é escapista, não no sentido que foge do meio físico que o cerca tanto quanto se esquiva das responsabilidades civis, sociais e morais. Isso é acompanhado e reforçado pela rejeição e revolta contra velhos dogmas, hábitos e costumes. A imaginação idílica está em busca de emancipação dos constrangimentos convencionais. Em nosso meio democrático e individualista, as pessoas justificam essa "libertação" em nome de uma autossatisfação e da autorrealização, pois acreditam que as normas e estruturas existentes inibem ou obstruem. Com muita frequência, há um desvio para ideias hedonistas, para uma sensualidade flagrante, e para as explorações da "carne". Esses são caminhos que prometem felicidade, porém, quase sempre não a encontram, e levam, ao contrário, ao enfado e ao tédio, ou pior, à dissipação física ou espiritual. Isso está bastante documentado em estudos clínicos e pela grande literatura moderna.[50]

As promessas de criação do paraíso terreno estão, necessariamente, fadadas ao insucesso, por conta da imperfectibilidade

---

[48] Idem, *A Era de T. S. Eliot*, op. cit., p. 165.

[49] Irving Babbitt, *Democracia e Liderança*, op. cit., p. 101.

[50] Vigen Guroian, "A Imaginação Moral e os Contos de Fadas", op. cit., p. 193.

característica à natureza humana, fazendo, assim, que qualquer projeto fundado na "busca idílica pela paz, pelo prazer ou pela indiferença, e a remoção de qualquer responsabilidade social" não seja possível e tenha como único resultado "causar enfado".[51] A imaginação idílica, de acordo com Russell Kirk, "termina em desilusão e tédio", conduzindo, assim, ao "tipo de imaginação que se deleita no perverso e no sub-humano".[52]

Tal imaginário decaído é a chamada "imaginação diabólica", que se caracteriza "pela perda do conceito de pecado e pela concepção de natureza humana infinitamente maleável e mutável" expressa na moralidade pluralista e na mentalidade relativista do multiculturalismo que entende "as normas morais como valores relativos às preferências individuais subjetivas ou à transitoriedade dos diferentes contextos culturais, defendendo a abolição de qualquer norma objetiva".[53] O termo "imaginação diabólica" foi cunhado pelo próprio Russell Kirk para definir o tipo de imaginário descrito em *After Strange Gods* por T. S. Eliot do seguinte modo:

> Nesta altura, arrisco generalizar e sugerir que, com o desaparecimento da ideia de pecado original, com o desaparecimento da ideia de intensa luta moral, os seres humanos que nos são apresentados hoje, tanto em poesia quanto em prosa ficcional, e de forma mais evidente entre os escritores sérios do que no submundo das letras, tendem a ser cada vez menos reais. É, de fato, em momentos de batalhas espirituais e morais confiantes em sanções espirituais, e não naqueles "minutos desconcertantes" em que somos todos muito parecidos, que homens e mulheres chegam mais perto de se tornarem reais. Se acabarmos com esta luta, e sustentarmos que pela tolerância,

---

[51] Ibidem, p. 196.

[52] Russell Kirk, "A Imaginação Moral", op. cit., p. 105.

[53] Alex Catharino, "A Vida e a Imaginação de Russell Kirk", op. cit., p. 98.

benevolência, pela não ofensividade, por uma redistribuição ou aumento do poder de compra, combinados com a devoção à arte por parte da elite, o mundo será tão bom quanto gostaríamos que fosse, então devemos esperar que os seres humanos tornem-se cada vez mais etéreos.[54]

"Essa imaginação diabólica predomina na maior parte da ficção popular de nossos dias; e, também, na televisão e nos cinemas", tal como ressalta Russell Kirk, e "se mostra sem nenhum pudor".[55] A imaginação diabólica, num certo sentido, existe de forma latente em todos os indivíduos, sendo "a imagem do demoníaco impressa pelo pecado original na alma humana".[56]

É fundado nesses pressupostos teóricos que *A Era de T. S. Eliot* deve ser interpretado. O próprio Russell Kirk julgava o livro "uma obra verdadeiramente maior".[57] O trabalho foi considerado por Benjamin G. Lockerd, Jr. "a melhor introdução ao maior literato do século XX" e "uma obra que deve ser consultada com frequência por todos que estudam Eliot", além de asseverar que:

> Os estudiosos que deixam de consultar este livro ao escrever sobre Eliot, especialmente aqueles que lidam com suas ideias culturais, provavelmente descobrirão, demasiado tarde, que percepções tidas como originais já haviam sido há muito enunciadas por Kirk – ou, pior ainda, ele já as havia refutado. *A Era de T. S. Eliot: A Imaginação Moral no Século XX* é um exemplo do que há de melhor em um texto acadêmico: obsequioso sem ser adulatório; erudito sem ser pedante; abrangente e nunca penoso; complexo, mas eminentemente agradável. É permeado do começo ao fim pela crença

---

[54] T. S. Eliot, *After Strange Gods*, op. cit., p. 42.

[55] Russell Kirk, "A Imaginação Moral", op. cit., p. 105.

[56] Vigen Guroian, "A Imaginação Moral e os Contos de Fadas", op. cit., p. 193.

[57] Russell Kirk, *The Sword of Imagination*, op. cit., p. 374.

de Kirk na verdadeira importância da imaginação para o bem-estar de todas as pessoas e as comunidades.[58]

O livro chamou a atenção de alguns críticos literários, bem como de literatos e analistas sociais, tendo sido objeto de algumas dezenas de resenhas em publicações de grande circulação ou em periódicos acadêmicos. Na famosa revista masculina *Esquire*, o jornalista, escritor e satirista Malcolm Muggeridge defendeu que o livro é "sem dúvida, a obra mais esclarecedora sobre o assunto".[59] Em uma longa resenha na prestigiosa *Sewanee Review*, o escritor e dramaturgo George Scott-Moncrieff afirmou que "todos devemos muito ao Dr. Kirk por reunir em um livro, ao mesmo tempo, de modo muito legível e detalhado, o credo de um homem cujo pensamento se torna mais relevante com o passar dos anos".[60] No verbete dedicado a T. S. Eliot na *Encyclopaedia Britannica*, o poeta e crítico literário Allen Tate (1899-1979) recomendou o trabalho de Russell Kirk como um dos dois livros "com as mais relevantes informações"[61] sobre o tema. A obra foi agraciada em 1972, na categoria de "Livros para Adultos", com o Christopher Award, um prêmio oferecido pela instituição católica The Christophers como reconhecimento para obras literárias, televisivas e cinematográficas que afirmam os valores elevados do espírito humano. De acordo com Bradley Birzer, em toda a produção kirkiana, somente *A Era de T. S. Eliot* "aproximou-se da conjugação de profundidade intelectual e de estilo que Kirk proclamou ser a essência de um conservador, o humanismo cristão burkeano".[62]

---

[58] Benjamin G. Lockerd, Jr., "Introdução para a Terceira Edição Norte-Americana", op. cit., p. 107.

[59] Malcolm Muggeridge, *Esquire*, vol. 78, n. 5, Nov. 1972, p. 79.

[60] George Scott-Moncrieff, "Eliot Remembered". *Sewanee Review*, vol. 80, n. 4, Oct.-Dec. 1972, p. 632-38. Cit. p. 638.

[61] Allen Tate, "T. S. Eliot". In: *The New Encyclopaedia Britannica in 30 Volumes – Macropaedia: Volume 6*. 15. ed. Chicago / London, Encyclopaedia Britannica, 1974, p. 723-26. Cit. 726.

[62] Bradley J. Birzer, *Russell Kirk*, op. cit., p. 141.

Não cabe no limitado espaço de um estudo introdutório ao pensamento de Russell Kirk discutir todos os méritos de *A Era de T. S. Eliot*, no entanto, quatro aspectos do livro merecem ser ressaltados. Em princípio, salta aos olhos a organicidade da análise kirkiana, que, excluindo o primeiro e o último capítulos, é apresentada em quatro eixos medianos, a saber: a vida do literato, o contexto histórico, a crítica literária ou social desenvolvida por Eliot no período e a produção artística da época abordada. Como segunda e mais importante característica, o livro pode ser tomado como o testemunho de uma conversão gradativa em três estágios: os pensamentos, os sentimentos e as palavras de Eliot ganham uma dimensão maior numa moldura semelhante à da *Divina Comédia* de Dante Alighieri. No primeiro estágio, ao ser tocado pelo sentimento trágico da vida, o poeta experimentou um grande descontentamento, expresso em "The Love Song of J. Alfred Prufrock", "Gerontion", "The Waste Land" e "The Hollow Men", poemas que foram interpretados por Kirk como "esboços do Inferno". Ao acatar o patrimônio hebraico, cristão e clássico da cultura incorporado na tradição, Eliot foi conduzido, em uma segunda etapa, "ao Monte Purgatório", tal como vislumbrado em "Ash Wednesday". Por fim, ao professar a "resignação cristã" e vivenciar a comunidade de almas, os *Four Quartets* apresentam "visões do Paraíso", ao apontar "a direção do jardim de rosas que perdura para além do tempo, onde os aparentes opostos são reconciliados". A interpretação continua com a seguinte observação:

> Livre do tempo, do pecado e do ego, o homem moderno pode conhecer Deus e desfrutar de Sua presença para sempre – caso não se atreva a tentar compreendê-Lo. Com os *Four Quartets*, Eliot finalmente chega àquele ordenamento das emoções, ou da alma, que fora sua aspiração por três décadas.[63]

---

[63] Russell Kirk, *A Era de T. S. Eliot*, op. cit., p. 459.

O terceiro aspecto fundamental é que, ao ser "o livro cuja pesquisa foi a mais exaustiva" e o estudo "mais criterioso",[64] embasada nas fontes, nos ensaios e nos trabalhos artísticos, a obra de Russell Kirk apresenta de modo sistemático os princípios éticos, a visão educacional e as crenças políticas de T. S. Eliot. Como quarta e última característica, ao evitar questões comezinhas acerca da biografia do poeta e ao voltar-se de modo objetivo para os escritos e as convicções neles expressas, o trabalho de Kirk descontrói interpretações falaciosas, como, por exemplo, as acusações de que Eliot fora homossexual, fascista, eugenista, antissemita e elitista. Alguns críticos imputaram ao poeta simpatias pelo fascismo por conta da amizade com Ezra Pound (1885-1972) e da admiração por Charles Maurras (1868-1932), no entanto, ao analisar rigorosamente os comentários de Eliot no periódico *Criterion* e explicitar as fontes do pensamento eliotiano, Kirk demonstra que o literato foi um crítico de todas as ideologias totalitárias, tanto de esquerda quanto de direita. Kirk ressaltou que Eliot foi influenciado, por um lado, pelas ideias direitistas de Maurras, mas, por outro, era devedor em mesmo grau de importância do pensamento esquerdista de Julien Benda (1867-1956). O livro de Kirk, contudo, deixa claro que as maiores influências políticas do pensamento eliotiano foram os escritos de Irving Babbitt e de Paul Elmer More.

Melhor que qualquer outro analista, Russell Kirk captou a essência do trabalho de T. S. Eliot ao ressaltar que "o grande inovador em literatura, o poeta de visão imaginativa",[65] foi, ao mesmo tempo, o "pensador conservador basilar no século XX".[66] No texto inédito de uma conferência, ministrada em 13 de fevereiro de 1991 no Hillsdale College, o caráter do autor que vislumbramos na obra eliotiana foi resumido por Kirk do seguinte modo: "Eliot era um homem livre porque reconhecia um Mestre; um homem responsável porque vivia conforme uma tradição;

---

[64] Benjamin G. Lockerd, Jr., "Introdução para a Terceira Edição Norte-Americana", op. cit., p. 132.

[65] Russell Kirk, *A Era de T. S. Eliot*, op. cit., p. 618.

[66] Idem, *The Conservative Mind: From Burke to Eliot*, op. cit., p. 493.

um grande homem de letras porque sabia que a literatura tinha uma finalidade ética". As contribuições do literato nos campos da poesia, do teatro e da crítica literária ou social foram apresentadas sinteticamente em *A Era de T. S. Eliot* com as devidas observações:

> Como poeta, enfrentara a dura realidade com a visão fortalecida: restaurara na poesia, ao mesmo tempo, a ousadia da sensibilidade e a substância da metafísica. Apreciara os méritos de sua era em versos, e renovara a imaginação moral do período. Talvez, como sugeriram alguns críticos, tenha levado a poesia para regiões mais longínquas.[67]

> Como dramaturgo, revigorou a poesia dramática, e pode ser que sua influência nos palcos ainda não tenha atingido o ápice. O que mais importou a Eliot foi ter feito algo para recuperar o caráter ético e religioso do teatro, despertando sentimentos religiosos, como nenhum apologeta poderia fazer em prosa.[68]

> Como crítico literário, livrou a crítica de arte de um impressionismo pessoal, e confirmou a grande continuidade das humanidades, ao defender, simultaneamente, as coisas permanentes e as pretensões de um inovador em constante renovação. Ensinara para a geração que surgia como abrir os olhos para os significados mais profundos de uma obra de arte literária.[69]

> Como crítico da sociedade, desnudara as tolices do tempo. Não poupara a moral da época, a política, a economia, as noções educacionais, ou os deuses estranhos. Esforçara-se para renovar a compreensão do homem moderno das normas da ordem, da justiça e da liberdade, pessoal e da comunidade.[70]

---

[67] Idem, *A Era de T. S. Eliot*, op. cit., p. 611-12.
[68] Ibidem, p. 612.
[69] Ibidem, p. 612.
[70] Ibidem, p. 613.

Nos escritos de T. S. Eliot, tal como apreendeu Russell Kirk, "perpassa a ideia de uma comunidade de almas: um laço de amor e dever que une todos os vivos e, igualmente, aqueles que nos precederam e os que hão de suceder-nos neste momento do tempo".[71] A preocupação com a continuidade de alguns princípios culturais foi o fator responsável para que, no período posterior à Segunda Guerra Mundial, a grande causa que ainda tocasse o literato fosse "a defesa de uma educação destinada a nutrir a imaginação moral",[72] tal como apresentada no último capítulo de *Notas para uma Definição de Cultura* e na série de quatro palestras "The Aims of Education" [Os Objetivos da Educação], ministradas em novembro de 1950 na University of Chicago e reunidas no livro póstumo *To Criticize the Critic*[73] [Para Criticar o Crítico]. Os desafios fulcrais apresentados na crítica pedagógica de Eliot foram resumidos por Kirk nos respectivos pontos:

> Lutar com o dogmatismo secular na educação; chamar atenção para o perigo de o Estado poder substituir a compreensão religiosa pela ideologia, pelo controle das escolas; protestar contra um irrefletido nivelamento das inteligências e dos sentimentos pela degradação do dogma democrático aplicado à aprendizagem; defender, implicitamente, o primado da imaginação moral em qualquer empreendimento educacional.[74]

A preocupação com questões educacionais ocupou uma parcela significativa da ampla produção intelectual de Russell Kirk, que, além de abordar o tema em capítulos das coletâneas *A Política da Prudência* e *Redeeming the Time*, em artigos de opinião nas colunas "To the Point" e "From the Academy", em inúmeros ensaios publicados em

---

[71] Idem, *The Conservative Mind: From Burke to Eliot*, op. cit., p. 496.

[72] Idem, *A Era de T. S. Eliot*, op. cit., p. 542.

[73] T. S. Eliot, *To Criticize the Critic*. New York, Farrar, Strauss & Giroux, 1965.

[74] Russell Kirk, *A Era de T. S. Eliot*, op. cit., p. 553-54.

diversos periódicos acadêmicos, em alguns panfletos e em várias palestras, escreveu sobre o assunto nos livros *Academic Freedom: An Essay in Definition*[75] [Liberdade Acadêmica: Um Ensaio em Definição], *The Intemperate Professor and Others Cultural Splenetics*[76] [O Professor Intemperado e Outras Rabugices Culturais] e o já mencionado *Decadence and Renewal in the Higher Learning*. Em parte, as concepções pedagógicas kirkianas foram defendidas por Annette Kirk na cruzada que moveu como membro tanto da National Commission on Excellence in Education [Comissão Nacional para Excelência na Educação], de 1981 a 1983, quanto do Comitê para Educação da Conferência Católica dos Estados Unidos, de 1984 a 1987,[77] ao advogar a melhoria da qualidade de ensino por intermédio de uma reforma educacional orientada pelo primado da família, pela competição de currículos, pela diversidade de instituições de ensino com ênfase em escolas independentes e pela instrução dos princípios morais para os alunos.

Russell Kirk acreditava que a base cultural para o florescimento de pessoas íntegras em uma sociedade vigorosa é fornecida pela vida familiar, pela religião e pela educação, visto que "a decadência pessoal e a social não são obra de forças inelutáveis, mas consequências da desobediência à verdade ética".[78] Inspiradas nas concepções pedagógicas de Jeremy Bentham (1748-1932) e de John Dewey (1859-1952), a estrutura educacional de nossos dias está confusamente ocupada apenas com "a promoção pessoal, o treinamento técnico, a sociabilidade, a socialização, as funções custodiais e a certificação

---

[75] A obra lançada originalmente em 1955 foi reeditada pela mesma casa editorial na seguinte edição revista: Russell Kirk, *Academic Freedom: An Essay in Definition*. 2. ed. Chicago, Regnery Publishing, 1962. Essa edição foi reimpressa, sem nenhuma alteração, pela Greenwood Press em 1977.

[76] A coletânea, impressa em 1965 pela Lousiana State University Press, foi republicada na seguinte edição revista: Russell Kirk, *The Intemperate Professor and Others Cultural Splenetics*. Peru, Sherwood Sugden & Company, 1988.

[77] Russell Kirk, *The Sword of Imagination*, op. cit., p. 417-32.

[78] Idem, "A Arte Normativa e os Vícios Modernos", op. cit., p. 994.

– sem falar nas brincadeiras e nos jogos".[79] Diante desse mesmo cenário, C. S. Lewis já destacara, em 1943, que "o dever do educador moderno não é derrubar florestas, mas irrigar desertos", pois "a defesa adequada contra sentimentos falsos é inculcar os sentimentos corretos".[80] Nesse sentido, o caminho para superar o fanatismo, a trivialidade e a mediocridade dos experimentos pedagógicos de nossa época é a adoção da educação liberal, um "modelo educacional humanista, pautado no ensino dos clássicos da civilização ocidental, comprometido com a sensibilidade artística, e preocupado em despertar a busca da sabedoria e a prática da virtude",[81] que permite romper os grilhões "do cativeiro do tempo e do espaço", visto que, tal como advogado pelo conservadorismo kirkiano, "só isso nos permitirá ter uma visão mais ampla e entender o que é ser plenamente humano – capacitando-nos a transmitir às gerações vindouras o patrimônio comum de nossa cultura".[82] De modo semelhante, T. S. Eliot também se preocupou com esse problema, quando em um editorial do periódico *The Criterion* escreveu:

> Atualmente parece que estamos empenhados na tarefa de dar algum tipo de educação para todos. A educação é um treino da mente e da sensibilidade, uma disciplina intelectual e emocional. Numa sociedade em que tal disciplina é negligenciada, numa sociedade que usa palavras em lugar de pensamentos e de sentimentos, podemos esperar qualquer tipo de aberração religiosa, moral, social e política, e uma eventual decomposição ou petrificação. E parece que temos pouco a esperar dos representantes oficiais de educação.[83]

---

[79] Idem, *A Política da Prudência*, op. cit., p. 311.

[80] C. S. Lewis, *A Abolição do Homem*, op. cit., p. 12.

[81] Alex Catharino, "Kirk, Russell (1918-1994)", op. cit., p. 292.

[82] Russell Kirk, *Redeeming the Time*, op. cit., p. 42.

[83] T. S. Eliot, "A Commentary". *The Criterion*, vol. XIII, n. 52, april 1934, p. 628.

Ao refletir sobre essa temática, T. S. Eliot não nutria nenhum tipo de ilusões românticas, pois era dotado de um aguçado ceticismo em relação às teorias pedagógicas que acreditam que a educação é um meio para garantir a felicidade individual. Não acreditava na educação como algo desejado pela maioria dos indivíduos ou um instrumento para garantir igualdade de oportunidades para os membros da sociedade, além de ter derrubado o dogma segundo o qual "muito da capacidade de excelência é suprida pela ausência de um aparato educacional sistemático e autoritário".[84] De acordo com Russell Kirk, um dos problemas centrais destacados pela análise eliotiana é a constatação de que "ao forçar todos os jovens a um molde educacional comum, independentemente das aptidões ou classe, podemos conseguir apenas destruir-lhes a verdadeira cultura (que não é idêntica à escolaridade)".[85] O modelo elitista de educação universal proposto pela maioria dos pedagogos acaba se tornando um apetrecho de manipulação dos tecnocratas, cuja consequência pode ser a rebelião contra o processo educacional como um todo, pois, como observou Eliot: "A 'cultura das massas' sempre será uma cultura substituta; e, mais cedo ou mais tarde, a decepção se tornará visível para os mais inteligentes daqueles sobre os quais tal cultura foi sorrateiramente imposta".[86] Nessa mesma linha, Kirk sabia que "a alternativa à educação liberal é o ensino servil",[87] pois, na maioria das vezes, o entusiasmo dos pedagogos e burocratas em utilizar o processo educacional como um dispositivo para a realização de convicções sociais negligencia o fato de que "a verdadeira educação deve levar à sabedoria; que está destinada à satisfação por meio do conhecimento, e que o aprendizado merece respeito pelos próprios méritos".[88]

---

[84] Russell Kirk, *A Era de T. S. Eliot*, op. cit., p. 545.

[85] Ibidem, p. 545.

[86] T. S. Eliot, *Notas para a Definição de Cultura*, op. cit., p. 120-21.

[87] Russell Kirk, *Redeeming the Time*, op. cit., p. 47-48.

[88] Idem, *A Era de T. S. Eliot*, op. cit., p. 545.

O objetivo primário de uma educação liberal, então, é o cultivo do intelecto e da imaginação do próprio indivíduo, para o bem do próprio indivíduo. Não se deve esquecer, nesta era massificada em que o Estado aspira a ser tudo em tudo, que a educação genuína é algo além de mero instrumento de política pública. A verdadeira educação deve desenvolver o indivíduo humano, a pessoa, antes de servir ao Estado. [...] o ensino não foi originado pelo moderno Estado-Nação. O ensino formal começou, de fato, como uma tentativa de tornar o conhecimento religioso – o senso do transcendente e as verdades morais – familiar à geração nascente. Seu propósito não era doutrinar os jovens em civismo, mas ensinar o que é ser um homem genuíno, que vive dentro de uma ordem moral. Na educação liberal, a pessoa tem primazia.

Contudo, um sistema de educação liberal também possui um propósito social, ou ao menos um resultado social. Ajuda a prover um corpo de indivíduos que se tornam líderes em muitos níveis da sociedade, em grande ou pequena escala.[89]

A submissão do objetivo de cultivar o intelecto e a imaginação aos utilitários propósitos sociais perverte a natureza da educação, tal como denunciado, em 1908, por Irving Babbitt ao discutir o problema do "espírito democrático" nas instituições de ensino superior norte-americanas.[90] Reverberando após quase meio século a análise babbittiana, T. S. Eliot apontou os defeitos intrínsecos desse sistema educacional democrático, em uma das conferências na University of Chicago em 1950, com as seguintes palavras:

A educação para a cidadania, então, parece significar, primeiramente, o desenvolvimento de uma consciência social; e já havia

---

[89] Idem, *Redeeming the Time*, op. cit., p. 43.

[90] Irving Babbitt, *Literature and the American College: Essays in Defense of the Humanities*. Intr. Russell Kirk. Washington, D.C., National Humanities Institute, 1986, p. 109-17.

sugerido que uma consciência "social" só pode ser um desenvolvimento da "consciência": no momento em que falamos de "consciência social" e esquecemos a consciência, estamos em perigo moral –, assim como a "justiça social" deve estar baseada na "justiça". A separação que ocorre em nossas mentes, simplesmente pela presença constante do adjetivo "social" pode levar a crimes, bem como a erros. Em nome da justiça social podemos desculpar, justificar ou apenas ignorar a injustiça: em nome da consciência social podemos fazer o mesmo com a consciência. Os mesmos tipos de substituições podem ocorrer com a palavra democracia. A "social-democracia" parece, a princípio, ser uma expressão a que ninguém pode apresentar objeções. Mas seu sentido denotativo pode ser tão manipulado que sugere para a maioria, creio, qualquer coisa, menos ser democrática.[91]

Na conferência "T. S. Eliot on Education" [T. S. Eliot sobre Educação], cujo texto foi publicado em 1971, antes do lançamento de *A Era de T. S. Eliot*, em uma coletânea com ensaios de diversos autores, Russell Kirk frisou que "na educação, assim como na crítica literária e na crítica social, Eliot afirmou as reivindicações da geração passada e as expectativas das gerações futuras contra a intoxicação moderna com o momento efêmero".[92] Ainda trilhando as veredas abertas pela meditação eliotiana, Kirk compreendeu que "a escolaridade formal pode criar elites, mas não pode formar uma classe ou, por si só, não proporciona à sociedade uma cultura superior duradoura".[93] O caminho para revitalizar nossa enfraquecida cultura passa pela rejeição do esnobismo social das políticas pedagógicas, redescobrindo o modelo que foi definido pelo cardeal John Henry Newman com a seguinte proposição:

[91] T. S. Eliot, *To Criticize the Critic*, op. cit., p. 90.
[92] Russell Kirk, "T. S. Eliot on Education and the Moral Imagination". In: *Papers on Educational Reform*. La Salle, Open Court, 1971, p. 135-57. Cit. p. 142.
[93] Idem, *A Era de T. S. Eliot*, op. cit., p. 511.

O treinamento pelo qual o intelecto, em vez de ser formado ou sacrificado para algum fim acidental ou particular – algum comércio específico, ou profissão, estudo ou ciência – é disciplinado para os próprios fins, para a percepção de seu objeto próprio, e para sua cultura mais elevada, é chamado educação liberal; e apesar de não haver quem tenha levado este ideal aos máximos limites concebíveis, praticamente não há quem não possa adquirir alguma noção do que é o treinamento autêntico, e ao menos tender a ele, e tornar seu verdadeiro escopo, não algo mais, seu padrão de excelência.[94]

Ecoando a sabedoria expressa nas reflexões de John Henry Newman, Irving Babbitt, T. S. Eliot e C. S. Lewis, o pensamento educacional kirkiano alerta que devemos lutar contra o processo de degradação promovido pelos modelos pedagógicos vigentes, pois "caso permaneçamos presunçosos e apáticos neste mundo decaído, deixando deteriorar as obras da razão e da imaginação, chegaremos a conhecer a servidão de corpo e de alma".[95] A libertação do cativeiro intelectual é um dos elementos fundamentais na luta contra a desagregação normativa, pois, como ressaltou Russell Kirk:

> Caso a educação esteja pervertida a simplesmente um processo de socialização e sociabilidade, caso o isolamento individual fragmente a comunidade de almas; caso a política deteriore em uma luta por poder e posições – ora, não haverá comunidade de cristãos, e nenhuma classe responsável. Não haverá justiça, nem cultura, e mesmo se os apetites físicos forem satisfeitos, reinará o tédio. São tais as ilusões que induzem o homem do século XX à decadência.[96]

---

[94] John Henry Newman, *The Idea of a University*. Parte I, Discurso VI, §1, p. 109.
[95] Russell Kirk, *Redeeming the Time*, op. cit., p. 47.
[96] Idem, *A Era de T. S. Eliot*, op. cit., p. 585-86.

## 5. "*COM TAIS FRAGMENTOS FOI QUE ESCOREI MINHAS RUÍNAS*": SELEÇÃO ILUSTRATIVA DE TEXTOS DE RUSSELL KIRK SOBRE T. S. ELIOT

Não existe análise do pensamento kierkeano que supere a leitura dos próprios escritos do autor. Independentemente da temática abordada ou do público a que se destina, os textos de Russell Kirk são marcados por um estilo característico, que reflete a preocupação do autor com a defesa da verdade, do bem e do belo como meios de preservação da tradição, revitalização da cultura e manutenção da ordem, da liberdade e da justiça. Na tentativa de emular o seu estilo ao longo do presente livro, intercalei na escrita inúmeros trechos da prosa do Mago de Mecosta, além de diversas citações, em particular de *A Era de T. S. Eliot*, pois "com tais fragmentos foi que escorei minhas ruínas".[1] No presente capítulo, a seleção de algumas passagens sobre Eliot, extraídas de diferentes livros de Kirk, busca oferecer um pouco mais de contato com o trabalho do autor, na esperança de que, negando a fácil tentação dos homens ocos, o leitor redima o tempo ao tornar-se mais um peregrino em nossa terra desolada.

*

**The Conservative Mind: From Burke to Santayana (1953)**
"Apesar de suas hesitações e ambiguidades, o Sr. T. S. Eliot encontra-se na tradição de Burke e Coleridge, e os livros *The Idea of a*

---
[1] T. S. Eliot, *A Terra Desolada*. V, 441. In: *T. S. Eliot: Obra Completa – Volume I: Poesia*, op. cit., p. 167.

*Christian Society* (1939) e *Notas para uma Definição de Cultura* (1948) estão entre os escritos conservadores mais significativos dos últimos anos – o inovador em formas poéticas, o crítico exaustivo de nossa Terra Desolada, a defender as ideias que nutrem a civilização, amargamente ciente de que estamos 'destruindo nossos edifícios antigos para preparar o terreno onde os nômades bárbaros do futuro acamparão com suas caravanas mecanizadas'." (p. 411)

### The Conservative Mind: From Burke to Eliot (1986)

"Ajustar-se ou ajustar os demais aos moldes das coisas que o planejador positivista tem em mente ou à atual têmpera da sociedade seria submeter-se ao tédio medonho. O tédio social triunfante é a morte instantânea e o inferno para a civilização. Assim, o conservador busca examinar além da sociologia humanitária.

Por conseguinte, não é ao estatístico, mas ao poeta, que muitos conservadores se voltam para discernimento. Se há um pensador conservador basilar no século XX, este é T. S. Eliot, cuja era está nas humanidades. Todo o empenho de Eliot foi para assinalar um caminho de saída da Terra Desolada rumo à ordem na alma e na sociedade." (p. 493)

"Não afeiçoado à pura democracia, Eliot acreditava em classe e ordem. Por essa mesma razão, desconfiava da nova elite, recrutada na turba da espiritualidade empobrecida. Treinados em escolas estatais uniformizadas nas novas ortodoxias do coletivismo secular, arrogantes, com a presunção daqueles que governam sem as influências restritivas da tradição, da reverência e da honra familiar, tal elite não é nada além de um corpo administrativo. Não podem se tornar guardiões da cultura, como foram as antigas aristocracias." (p. 494)

"A verdadeira função de Eliot, por isso, era conservar e restaurar: um topógrafo melancólico da terra desolada, mas um guia para a recuperação da esperança pessoal e da integridade pública. Ao expor os homens ocos, adoentados por uma vida sem princípio, Eliot – assim como Virgílio em uma era similar – mostrou o caminho de volta às coisas permanentes." (p. 495)

"Até o fim dos tempos, Eliot sabia, os leões precisarão de carcereiros e a fé encontrará mártires. Por todos os escritos de Eliot perpassa a ideia de uma comunidade de almas: um laço de amor e dever que une todos os vivos e, igualmente, aqueles que nos precederam e os que hão de nos suceder neste momento do tempo. Tal percepção deve sobreviver aos dogmas ideológicos deste século." (p. 496)

## Beyond the Dreams of Avarice (1956)

"O mundo literário inglês sofre da doença da acídia; o norte-americano, da doença da concupiscência; ambos os males, creio, são sintomas e produtos, ao mesmo tempo, de uma frustração profunda.

A carreira literária do Sr. Eliot é um protesto contra as causas de tal tédio. O terror da *Terra Desolada* é a vida sem propósito. O próprio Sr. Eliot não é um entediado; possui recursos que transcendem às tolices do tempo, mas tomo-o como a figura central de nossa época, nas letras, porque descreve a condição da acídia social e privada com uma força intensa e sombria. De fato, ele foi um dos primeiros a nomear tal doença: vejamos o ensaio sobre Marie Lloyd, escrito em 1923. Escolho, então, como o mais significativo espírito da época, um homem de letras completamente desarmonizado com seu tempo, tampouco isso é simples perversidade. Samuel Johnson fez oposição às grandes correntes de sua época, assim como o fez Cícero.

Realmente, é dentro do reino da possibilidade que a Era de Eliot será sucedida por um grande vácuo na história da literatura, assim como após Ausônio seguiu-se a noite. A guerra universal e a dissolução social podem trazer-nos essa calamidade, uma perspectiva lúgubre. No entanto, a calamidade pode vir em um modismo ainda pior – refiro-me à degeneração das letras à condição de mera propaganda de massa para as finalidades do Estado-massa, impessoal e sem escrúpulos." (p. 298-99)

### Enemies of Permanent Things (1969)

"O intuito dos grandes livros é ético: ensinar o que significa ser homem. Toda forma importante de arte apropriou-se, para os temas mais profundos, daquilo que Eliot chamou de 'coisas permanentes' – as normas da natureza humana. Até há bem poucos anos, os homens tomavam por certo o fato de a literatura existir para formar a consciência normativa, ou seja, para ensinar ao ser humano sua verdadeira natureza, sua dignidade e seu legítimo lugar no plano material. Tal foi a finalidade da poesia – no sentido mais amplo da palavra – desde Jó e Homero." (p. 41)

"Em todas as épocas, os homens de letras mais influentes foram os defensores da normalidade, somente com uma ou outra exceção nacional ou temporária. Amiúde nadaram contra as fortes correntes intelectuais e sociais de seu tempo. Assim foi com Homero, antes de começar a história clássica: a *Ilíada* é uma nobre súplica à justiça divina e à ordem contra a violência de uma época brutal e das confusas paixões de seus mestres. Em Homero, o retrato forte e sutil de Aquiles em cólera, entregue ao abatimento (insensatez e culpa), é um epítome dos erros ímpios de um povo e uma era.

No século XX, T. S. Eliot tornou-se o principal poeta e crítico dessa continuidade ética. Assim como Samuel Johnson no século XVIII, Eliot menosprezou o clima de opinião 'progressista' em que se encontrava. Tanto se divertiu quanto se irritou com aqueles intelectuais que erroneamente tomaram sua análise do temperamento moderno por enfado e futilidade. Finalmente, os resenhistas perceberam em que direção Eliot remava – e ficaram indignados." (p. 51)

"As normas e a consequente condição de normalidade podem ser derivadas da verdade 'revelada': da longa experiência dos seres humanos de vida em comunidade; dos 'saltos no ser' intelectuais e espirituais – ou seja, das percepções dos homens de gênio, da mensuração do comportamento científico ao longo de um prolongado período de tempo e em diversas circunstâncias. Às vezes, – como disse Hume acerca das ideias morais –, as fontes dos conceitos normativos podem ser incognoscíveis.

Quaisquer que sejam as origens do conhecimento normativo, a 'normalidade' e as palavras a ela associadas sugerem a permanência e a referência a um padrão superior ao comportamento médio a qualquer momento. Contrastado com a 'anormalidade', o termo normalidade baseia-se na convicção de que os juízos devem ser formados, e as ações realizadas, com fundamento em padrões ou regras que reconheçam a natureza duradoura de determinadas qualidades morais ou sociais.

A grande literatura possui normas gerais próprias; porém, mais importante ainda, a literatura é o meio primordial de transmissão para a posteridade do conhecimento normativo de uma cultura – e um meio para censurar a anormalidade de todas as épocas. Por intermédio de um corpo de humanidades, adquirimos modelos para emular e preceitos para orientação. Aprendemos com a literatura, muito mais do que com a experiência pessoal, os atributos do santo, do herói e do filósofo. Aprendemos com a literatura a ter aquelas percepções da natureza humana que tornam a vida digna de ser vivida.

Portanto, se a verdadeira literatura não sobreviver – e não influenciar em determinado grau a multidão dos homens – a civilização também não sobreviverá. Somente a mais primitiva das atividades econômicas, por exemplo, sobreviverá ao colapso da cultura literária; pois homens privados de uma herança de sabedoria, em breve, tornar-se-ão incapazes de se unir para qualquer propósito produtivo." (p. 145-46)

## A Era de T. S. Eliot (1971)

"T. S. Eliot foi o principal defensor da imaginação moral no século XX. Ora, o que é a imaginação moral? A expressão é de Edmund Burke. Por ela, Burke queria indicar a capacidade de percepção ética que transpõe as barreiras da experiência privada e dos acontecimentos do momento – 'especialmente', como o dicionário a descreve, 'as mais altas formas dessa capacidade praticadas na poesia e na arte'. A imaginação moral aspira apreender a justa ordem da alma e a justa ordem da comunidade. Foi o dom e a obsessão de Platão, Virgílio e Dante.

Na retórica de Burke, o ser civilizado se distingue do selvagem por possuir imaginação moral, por 'todas as ideias decorrentes disso, guarnecidas pelo guarda-roupa da imaginação moral, que vem do coração e que o entendimento ratifica como necessárias para dissimular os defeitos de nossa natureza nua e elevá-la à dignidade de nossa estima'. Inferidas dos séculos de experiência humana, essas ideias de imaginação moral são novamente expressas de uma era para a outra. Portanto, é assim que os homens de literatura e humanidades de nosso século, cujos trabalhos parecem ter mais chances de perdurar, não são 'novilinguistas', mas portadores de um padrão antigo, agitado pelos ventos modernos da doutrina: os nomes de Eliot, Frost, Faulkner, Waugh e Yeats devem bastar para dar a entender a variedade dessa imaginação moral na era moderna." (p. 140-41)

"Alguns críticos têm objetado que a reaquisição da fé não tornou Eliot uma pessoa feliz (ficamos imaginando se a noção desses escritores de 'cristão professo' é a de um pilar de falsa santidade com um sorriso imbecil). É verdade, a imitação de Cristo, às vezes, cobre os fiéis de alegria; mas esta não é a experiência usual, pois a fé não transforma as circunstâncias. O que a fé oferece, comumente, é paz, resignação e esperança, não uma euforia exuberante. O resgate da fé de Eliot não recuperou o corpo ou a mente de sua mulher, ou alterou o mundo desviado que via naqueles anos. A fé não abole a tristeza; a torna suportável." (p. 305)

"O cristianismo não prescreve nenhuma forma de governo. Contudo, a fonte de qualquer ordenamento político é o credo religioso – ou ainda a religião invertida da ideologia. A principal função do Estado é a manutenção da justiça, e a justiça pode ser definida somente a partir de alguns pressupostos éticos, derivados, em última análise, das visões religiosas. Se o Estado está em oposição aos princípios religiosos de uma sociedade, ou é indiferente a tais princípios, então, tanto o Estado quanto a sociedade não tardam neste mundo. Para a nossa civilização, o cristianismo estabeleceu princípios de ordem pessoal e de ordem social. Caso repudiemos ou ignoremos estes princípios, a única alternativa é o Estado pagão, que obedece aos mandamentos do 'Deus Selvagem'. É por isso que devemos trabalhar para restaurar o Estado cristão. Não é necessário que todos os estadistas sejam bons cristãos; nem que a divergência seja desestimulada entre os cidadãos, mas é preciso que o Estado reconheça a ordem moral delineada pelo cristianismo à essa compreensão ética, e conforme a ordem pública, na medida do possível, para este mundo imperfeito (entendam que ao longo da presente exposição estou parafraseando os argumentos de Eliot, e não desenvolvendo qualquer nova teoria própria).

Para surgir um Estado cristão, deve existir uma comunidade cristã, ou uma sociedade em que a maioria das pessoas seja fortemente influenciada pelo ensinamento cristão. Esta comunidade é dirigida por um 'número muito menor de seres humanos conscientes', a comunidade dos cristãos. Estes homens e mulheres, que de certo modo se assemelham ao conceito de 'clerezia' de Coleridge, mas que não se circunscrevem aos clérigos e professores são a minoria cuja fé está fundamentada na reta razão, os quais pelo exemplo e liderança, consciente e conscienciosamente, guiam a massa dos cidadãos que aceitam a fé cristã somente de forma passiva.

A comunidade dos cristãos, e a própria Igreja, deve reconhecer e trabalhar, de dentro da sociedade, a condição social do mundo moderno – mas não deve estar totalmente imersa no mundo, ou conformar a doutrina cristã às tolices do tempo. Podem rever a estrutura paroquial; mas não podem revisar o Sermão da Montanha." (p. 450-51)

"Eliot pensou que nesta grotesca civilização, era necessário um conservadorismo filosófico que transcendesse a conveniência, o pragmatismo e a corrupção dos partidos. Achou encorajador o avanço das ideias sociais de Reinhold Niebuhr e prestou atenção nos escritos de Robert Nisbet e nos meus próprios livros. No dia 12 de outubro de 1953, escreveu-me: 'Seria interessante se o desenvolvimento do conservadorismo filosófico iniciasse primeiramente nos Estados Unidos, que por meio século ou mais quase não conheceu nada além de matizes de liberalismo. Pode ser também que onde a doença estiver bastante avançada, o antídoto possa ser primeiramente descoberto'." (p. 575)

"A negação do amor: é isso o que 'The Waste Land' descreve de forma tão evocativa, tão mordaz e tão relevante. Esta descrição é o motivo de sua popularidade, mesmo entre as pessoas que vislumbraram vagamente o significado do poema, como o enigma do espelho. No final, Eliot encontrou o caminho para um amor intelectual por Deus e pelos seres criados. Todos nós, ou quase todos, ainda somos peregrinos na terra desolada. Redemoinhos de poeira sopram mais furiosamente do que nunca perto da rocha escarlate, mas porque Eliot fez as perguntas imorredouras, alguns ouvirão o trovão. A ferida do Rei-Pescador continua aberta; e da mesma forma o poema investigativo de Eliot, após seis décadas perniciosas, não perdeu nada em significado. Enquanto muitas pessoas refletirem sobre nossa condição pessoal e pública neste mundo decaído, o poema não perderá toda a sua especial popularidade." (p. 629-30)

### The Roots of American Order (1974)

"Assim como Homero, bem antes, e Dante, bem depois, Públio Virgílio Maro foi um poeta religioso, com uma visão religiosa de como deveria ser o mundo. Ao evocar o passado legendário do povo latino na *Eneida*, aspirou consagrar novamente a missão de Roma. Não venceu por completo o orgulho, a paixão e a concupiscência de sua época; nenhum poeta consegue fazê-lo. No entanto, não houvesse um Virgílio despertando a consciência de alguns homens do império, o sistema imperial teria se tornado muito mais vulgar e implacável do que fora e as eras posteriores não teriam compreendido tanto a dignidade humana.

Não fosse por Virgílio, a sociedade do alto Império Romano teria sido consumida pelo próprio materialismo e egoísmo. Influenciada, provavelmente, pelas doutrinas místicas do antigo sábio grego Pitágoras, Virgílio notava estar em movimento na civilização romana uma missão divina – um propósito para o qual a palavra cristã é 'providencial'. Ao comunicar tal percepção para as melhores mentes de sua época e para as dos séculos subsequentes, Virgílio – embora não tenha nascido cidadão romano – criou a *Romanitas*, a cultura romana, um ideal que, em parte, cumpriu sua profecia sobre a missão de Roma.

T. S. Eliot, o primeiro dos poetas do século XX, é o melhor intérprete do mais notável dos poetas latinos. Devem ser encontradas na poesia de Virgílio, observa Eliot, três palavras-chave: *labor, pietas* e *fatum*. Tudo de bom que houve na Roma imperial encontra-se nessas palavras.

Por *labor* Virgílio queria indicar a dignidade do trabalho – a ocupação agrícola, em especial – para a pessoa e o Estado. Opôs-se ao que George Orwell chama de 'o sonho estranho e vazio da ociosidade'. Sabia que deveríamos encontrar a felicidade no trabalho, ou não a encontraríamos de modo algum. Aí, diz Eliot, Virgílio expressa, 'algo que só agora achamos particularmente inteligível, quando a aglomeração urbana, a luta pela terra, a pilhagem do planeta e a dissipação dos recursos naturais começam a chamar atenção'. Ele transmitiu ao cristianismo, sugere Eliot, 'o princípio de que ação e contemplação, trabalho e oração são essenciais à vida do homem pleno'.

Por *pietas*, Virgílio queria indicar algo maior que o frequentar uma igreja ou a correção para com os pais. Queria expressar a humildade perante os deuses, o amor pelo próprio país e um senso de dever que não é adequadamente expresso por nenhuma palavra da língua inglesa; e ofereceu esse conceito de *pietas* para uma época que, às apalpadelas, buscava por um propósito novo. Desse modo, continua Eliot: 'O Império Romano que Virgílio imaginava e para o qual Enéas cumpriu o seu destino não era exatamente o mesmo Império Romano dos legionários, dos pró-cônsules e governadores, dos mercadores e especuladores, dos demagogos e generais. Era algo maior, mas que existia porque Virgílio o imaginara. Permanece um ideal, mas um ideal transmitido por Virgílio para a cristandade desenvolver e estimar'.

Por *fatum*, Virgílio queria indicar o destino imperial romano – o dever de Roma, imposto por potências desconhecidas, de trazer paz ao mundo, de manter a causa da ordem, da justiça e da liberdade para resistir ao barbarismo. 'Creio que ele tinha poucas ilusões e que via com maior clareza os dois lados de cada questão – o caso do perdedor e o caso do vencedor [...]' Para Virgílio, essa missão era o verdadeiro significado da história de Roma. 'E realmente crês que Virgílio estava errado?', pergunta Eliot. 'O que Virgílio propôs aos seus contemporâneos foi o ideal mais excelso mesmo para um Império Romano profano, para um Império meramente temporal. Todos somos, na medida em que herdamos a civilização europeia, ainda somos cidadãos do Império Romano.'" (p. 115-16)

## *Decadence and Renewal in the Higher Learning (1978)*

"Não sou um daqueles que defende que o estudo da literatura deva ser mantido isento da contaminação política. Quando falei no Michigan College sobre a imaginação moral de T. S. Eliot, um membro do quadro de funcionários observou que não se importava com poetas que misturavam política com versos. Mas, se isso é assim, não devemos gostar de Platão, de Virgílio, de Dante, de Shakespeare, de Milton, de Dryden, de Samuel Johnson, de Shelley, de Wordsworth e de muitos dos poetas vitorianos, bem como de Eliot. O grande poeta, preocupado com a ordem moral da alma, acha difícil ignorar a ordem da comunidade, e isso é verdade para os grandes romancistas. George Orwell escreveu em 1946 que 'nenhum livro está verdadeiramente livre do viés político. A opinião de que a arte não deve ter nenhuma relação com a política é, em si mesma, uma postura política'." (p. 170)

"Educadores da escola de John Dewey, na maior parte deste século, deram muita ênfase ao primado da 'educação para a cidadania', à 'socialização política' por intermédio das escolas públicas e coisas do tipo. Às vezes, de fato, pareceu que os educadores 'instrumentalistas' ou 'progressistas' estavam interessados quase exclusivamente no treinamento para a cidadania democrática e na exclusão de disciplinas que consolam o homem interior – um pormenor apontado por T. S. Eliot nas palestras sobre educação. Portanto, a falha abjeta dos programas de ciências sociais, depois de progredirem por mais de meio século e depois de gastos cujas contas ninguém fez, é surpreendente." (p. 280)

**Prospects for Conservatives (1989)**

"Tal aristocracia, baseada em associações locais, no senso de honra, em preceitos e talentos naturais constituem a verdadeira ordem, e essa é a barreira mais forte à ameaça do Estado totalitário, à oligarquia mundial dos tecnocratas.

O Sr. T. S. Eliot tem em mente o mesmo conceito de ordem quando, em seu *Notas para uma Definição de Cultura*, observa que, se temos de evitar a tirania de uma elite desarraigada (como a proposta por Karl Manheim), precisamos reforçar a ideia e a realidade da verdadeira classe. Classe não é a mesma coisa que elite, nem é o mesmo que casta. Classe é uma vaga associação de pessoas cujos talentos e habilidades, posses e posição social fazem com que naturalmente congreguem, para o benefício comum e para o benefício da sociedade em geral." (p. 178-79)

**America's British Culture (1993)**

"Para perceber a relação entre 'cultura' como a palavra empregada por antropólogos e 'cultura' como entendida pelos defensores dos grandes feitos da razão e da arte, devemos nos voltar para o principal poeta deste século, T. S. Eliot. Desde o início do século XIX, homens e mulheres tenderam a olhar esse último tipo de cultura como algo que deveria ser buscado. O que buscam esses defensores da cultura? Ora, 'o aperfeiçoamento da mente e espírito humanos'.

Eliot dá a entender que essa alta cultura consiste em uma mistura de costumes, realizações estéticas e feitos intelectuais. Também demonstra que devemos considerar a cultura em três sentidos, ou seja, quer tenhamos em mente o desenvolvimento do indivíduo, o desenvolvimento de um grupo ou classe ou o desenvolvimento de uma sociedade como um todo.

Como explica Eliot, os diferentes tipos de cultura são interdependentes. A questão não é o conflito entre modos de cultura 'democráticos' e 'aristocráticos'. A cultura de uma nação deve ser aparentemente diversa, no entanto, a cultura pessoal não pode sobreviver se extirpada da cultura de um grupo ou de uma classe. Nem mesmo a alta cultura de uma classe deve perdurar se a cultura popular for aviltada, ou se a cultura popular estiver em desacordo com as culturas pessoal e de classe." (p. 2-3)

### A Política da Prudência (1993)

"Como décimo livro conservador, recomendo que leiais, amigos, *Notas para a Definição de Cultura*, de T. S. Eliot. O presidente Richard Nixon, certa vez, me perguntou na Casa Branca qual livro deveria ler, tendo em vista os parcos momentos que tinha de tempo livre. *Notas para a Definição de Cultura*, respondi; e quando perguntou-me por que, expliquei que esse breve volume toca nas razões da decadência da sociedade moderna, na substituição de uma classe dirigente saudável por uma elite burocrática especializada, nas relações que se deveriam manter entre os homens em postos públicos e homens de ideias, e no que vale a pena preservar na nossa cultura. Mais do que qualquer outro escritor do século XX, Eliot defendeu os costumes, a convenção e a continuidade na sociedade, e a ordem moral da civilização que partilhamos. Deveis ler, também, aquele outro pequeno volume sobre a ordem civil e social, *The Idea of a Christian Society*. Ambos os livros continuam prontamente disponíveis nas livrarias: a alta reputação de Eliot é difícil de silenciar." (p. 140)

"Ora, o próprio Eliot foi um desses poucos escritores, aos quais ele mesmo fez referência, que se empenharam em alcançar a verdade política, ou uma verdade mais geral que engloba a ordem política, e proclamá-la: homens de talento que trabalham intelectualmente no que Eliot chamou de área *pré-política*. A imaginação moral, a vasta erudição e os talentos poéticos de Eliot capacitaram-no a penetrar verdadeiramente no cerne da questão, nas ocasiões em que tratou da ordem social e civil e das relações dessa ordem com uma ordem transcendente. Pessoas de tendência conservadora dos dois lados do Atlântico, e ainda mais distantes, voltam-se, portanto, com frequência à prosa de Eliot, e não raro à poesia, à procura de iluminação. Em suma, a mente seminal de Eliot, com as vivas percepções – a visão armada de Eliot –, abriu caminho para que os cultores da ordem intelectual, moral e social conseguissem penetrar além das palavras de ordem e jargões da época." (p. 165)

"A universidade se destina a conferir duas espécies de benefício. A primeira é o aperfeiçoamento da pessoa humana, em prol do próprio indivíduo: abrir as portas de alguma sabedoria aos rapazes e às moças, para que haja algo mais na vida do que adquirir e gastar.

A segunda espécie de benefício é a preservação e o avanço da sociedade, por intermédio do desenvolvimento de um corpo, ou classe, de jovens que serão líderes em vários ramos de atividades: cientistas, clérigos, políticos ou representantes, funcionários públicos, médicos, advogados, professores, industriais, gerentes e várias outras coisas. A universidade é um meio de auxiliar a formação dos intelectos, garantir a competência e (um propósito quase sempre esquecido hoje em dia) colaborar na formação do caráter. Não falo aqui de uma elite, pois compartilho da convicção de T. S. Eliot de que uma série de elites deliberadamente cultivadas tenderia à estreiteza de pensamento e à arrogância. Antes, refiro-me a uma classe relativamente larga e numerosa de homens e mulheres toleravelmente educados, que fermentariam a massa da sociedade das mais variadas maneiras." (p. 305)

### The Sword of Imagination (1995)

"O que a revolução de Eliot na literatura deu a sua era foi a renovação da imaginação moral – com consequências sociais, em potencial. A ortodoxia de Eliot, expressa em novas formas, ofereceu algo mais atraente para a mente e para o coração do que poderia ofertar a aridez progressista ou o ameaçador Salão da Cultura do Povo. Literatura e sociedade, ambas, dependem da crença numa ordem transcendente, Eliot fez lembrar ao século XX. 'Se não quisermos Deus (e ele é um Deus ciumento), devemos reverenciar Hitler ou Stalin', escreveu Eliot em *The Idea of a Christian Society*. Eliot escandalizou a muitos porque foi até a derradeira 'tremenda ousadia de um momento de entrega' – ou seja, de entrega ao divino." (p. 215)

### Redeeming the Time (1996)

"Meu argumento é que a civilização elaborada que conhecemos está em perigo; pode morrer de letargia, ser destruída pela violência ou perecer pela combinação dos dois males. Nós, que pensamos que a vida vale a pena ser vivida, devemos visar a meios pelos quais a restauração de nossa cultura seja alcançada. Para nós, uma necessidade primordial é restaurar a compreensão dos critérios religiosos em nosso transtornado aparato de educação pública que, oprimido por humanistas seculares militantes e cortes federais presunçosas, acabou por subsistir apenas com respostas desastrosas às questões últimas.

O que aflige a civilização moderna? Fundamentalmente, a angústia de nossa sociedade é o declínio da crença religiosa. Se uma cultura deve sobreviver e se desenvolver, não deve ser apartada do ponto de vista religioso donde surgiu. A necessidade suprema de homens e mulheres de reflexão, desse modo, é trabalhar pela restauração dos ensinamentos religiosos como um corpo crível de doutrina.

'Redimir o tempo, redimir o sonho', escreveu T. S. Eliot. Continua a ser possível, dada a reta razão e a imaginação moral, confrontar com coragem as desordens da época. A restauração do verdadeiro saber, humano e científico, a reforma de muitas políticas públicas, a renovação da consciência de uma ordem transcendente e da presença de um Outro, o clarear dos nichos em que nos encontramos – tais confrontos estão abertos àqueles da geração futura que buscam por um propósito na vida. É possível que recebamos um sinal antes do fim do século XX; contudo, com ou sem sinal, o remanescente deve esforçar-se ao máximo contra as tolices do tempo." (p. 14)

"Assim, ao sair da 'Era do Debate' – e a fuga do debate foi rápida, uma vez que o rádio triunfou em todas as casas – deixamos para trás muitas falsas aparências e muitos Homens Ocos. Também, é uma triste verdade, perdemos certo compromisso e sabedoria ao partir para os Sentimentos. Um dos últimos esforços nobres para redimir a Era do Debate foi o de meu velho amigo T. S. Eliot, com a revista trimestral *The Criterion*. Almejando prestar socorro para um mundo em suicídio, Eliot organizou, a um custo alto de tempo e energia, essa revista excelente; nela contribuíram os homens de letras e os acadêmicos mais importantes dos anos de 1920 e de 1930. Os volumes encadernados dessa revista estão à disposição em bibliotecas institucionais e, se nos dermos ao trabalho de folhear esses tomos, descobriremos que as matérias pouco perderam do interesse ou da pertinência com o passar das décadas. A esperança tola de Eliot era que a revista fosse lida por importantes homens públicos, cujas políticas pudessem ser afetadas por ela. A circulação da *Criterion*, contudo, nunca ultrapassou poucas centenas de cópias, apesar da deferência hipócrita dada à revista em muitos lugares, e nunca obtive comprovação de que 'a turma da *Criterion*' fora bem-sucedida em influenciar sequer um político importante – muito embora a revista fosse internacional nas características e na circulação. Eliot, pois, perpetrou essa galante investida na apatia pública no derradeiro fim da Era do Debate. Assim como Pompeu

Magno, T. S. Eliot bateu o pé – mas nenhuma legião atendeu a seu chamado. Ninguém digno de nota, entre os homens públicos e os mestres dos meios de comunicação, continuou muito interessado no Debate nos anos 1940. A Era dos Sentimentos já conquistara o terreno. Não obstante, nessa Era dos Sentimentos, o nome de T. S. Eliot permaneceu grande: o próprio Eliot compreendia os sentimentos; e são os sentimentos, entre eles os religiosos, aos quais sua poesia evoca.

Voltemo-nos, por fim, a uma certa defesa da Era dos Sentimentos. Como Eliot dizia, não há causas perdidas porque não há causas ganhas e talvez possamos fazer algo pela causa da ordem, privada ou pública utilizando o instrumental dos sentimentos." (p. 138)

# 6. CONCLUSÃO: "O FIM SERÁ SIMPLES, RÁPIDO, OPORTUNO"

As ilusões que em nossa época induzem à decadência podem ser combatidas por meio da correta utilização do debate e dos sentimentos, caso os remanescentes não se deixem entorpecer com o ópio da ideologia ou embriagar com o absinto do hedonismo relativista. Na cruzada contra os imaginários idílico e diabólico que corrompem a mente e o coração de gerações consecutivas, o exemplo de vida, a imaginação moral e o pensamento conservador de Russell Kirk são um poderoso testemunho de esperança para todos os guardiões da ordem, da liberdade e da justiça. O capítulo final de *The Sword of Imagination* termina com o seguinte parágrafo:

> Cinquenta e cinco anos se passaram desde que Kirk desembainhara a espada literária e tocara a trombeta das letras. Os remanescentes, aos quais se endereçara, haviam crescido em número e em zelo; ocasionalmente haviam tomado um castelo ou uma cidade. Aos 75 anos, Kirk não poderia saber com certeza quanto de suas exortações tinham servido a tais ganhos. O que pôde fazer para despertar a imaginação e a coragem do próximo, ele o fizera, com o melhor de seus talentos limitados. Manteve afiada a espada da imaginação para a década seguinte ou, possivelmente, por mais tempo. Como nenhuma grande causa é totalmente perdida – tomando de empréstimo uma frase de Eliot – nenhuma grande causa jamais é plenamente ganha.[1]

---
[1] Russell Kirk, *The Sword of Imagination*, op. cit., p. 469.

Mais de vinte anos se passaram desde que o Cavaleiro da Verdade escreveu tais linhas, o que possibilita uma avaliação mais acurada de seu legado. A importância e a atualidade do pensamento kirkiano podem ser parcialmente vislumbradas pelo crescente número de pesquisadores em diferentes países que se dedicam ao seu estudo, produzindo diversos livros, dissertações de mestrado e teses de doutorado, capítulos para coletâneas, verbetes para obras de referência, artigos para periódicos acadêmicos, ensaios de divulgação e textos para conferências.

Outro fator que deve ser levado em consideração é a publicação de livros e artigos de Russell Kirk em países como Alemanha, Bulgária, Coreia do Sul, Croácia, Espanha, Holanda, Hungria, Itália, Japão, Noruega, Polônia, República Tcheca, Romênia, Rússia, Sérvia, Turquia e, até mesmo, Brasil, onde, além do importante trabalho editorial da É Realizações, artigos do autor são divulgados, desde 2008, pelo Centro Interdisciplinar de Ética e Economia Personalista (Cieep) e pela COMMUNIO: *Revista Internacional de Teologia e Cultura*.

O recente avanço do conservadorismo kirkiano em nosso país não representa a contaminação do pensamento brasileiro por um corpo estranho. Por um lado, obras do autor foram citadas por João Camillo de Oliveira Torres (1915-1973)[2] e por Ubiratan Borges de Macedo (1937-2007).[3] Por outro lado, o tipo de mentalidade conservadora advogada por Russell Kirk guarda inúmeras semelhanças com os princípios essenciais defendidos por alguns pensadores nacionais, entre os quais, além dos dois citados acima, se destacam José da Silva Lisboa (1756-1835) – o visconde de Cairu –, Silvestre Pinheiro Ferreira (1769-1846), Bernardo Pereira de Vasconcellos (1795-1850), Paulino José Soares de Sousa (1807-1866) – o visconde de Uruguai –, José Antônio Pimenta Bueno (1803-1878) – o marquês de São Vicente –,

---

[2] João Camillo de Oliveira Torres, *Os Construtores do Império: Ideais e Lutas do Partido Conservador Brasileiro*. São Paulo, Companhia Editora Nacional, 1968, p. 1.

[3] Ubiratan Borges de Macedo, "Ciências Humanas e Valor". *Revista Brasileira de Filosofia*, vol. 25, n. 99, jul./set. 1975, p. 329-347.

José de Alencar (1829-1877), Joaquim Nabuco (1849-1910), Gustavo Corção (1896-1978), Gilberto Freyre (1900-1987), Plinio Corrêa de Oliveira (1908-1995), José Pedro Galvão de Sousa (1912-1992) e Dom Lourenço de Almeida Prado, O.S.B. (1911-2009).

"Diferente do socialismo, do anarquismo e até mesmo do liberalismo, o conservadorismo não oferece um padrão universal de política a ser adotado em toda parte", pois, como observa Russell Kirk, "os conservadores pregam que as instituições sociais sempre devem diferir, consideravelmente, de nação para nação, pois a política de qualquer território deve ser produto da religião dominante, dos costumes ancestrais e das experiências históricas do país".[4]

O pensador advoga que "a posição chamada conservadora se sustenta em um conjunto de sentimentos, e não em um sistema de dogmas ideológicos".[5] Ao rejeitar a ideologia, o tradicionalismo kirkiano enfatiza os aspectos transcendentes e culturais que devem sustentar a ordem social, visto que:

> A cultura é o que torna a vida digna de ser vivida. Toda a cultura surge da religião. Quando a fé religiosa decai, a cultura entra em declínio, embora muitas vezes pareça ostentar um espaço segundo a religião que a nutriu, e afunda na incredulidade. Mas nem a religião pode subsistir caso seja separada de uma cultura saudável; nenhuma pessoa culta ficará indiferente à erosão da apreensão do transcendente.[6]

O pensamento kirkiano não se enquadra na crítica de Eric Voegelin, segundo a qual muitas variantes conservadoras não passam de "ideologias secundárias", cujo produto é "uma curiosa área cinzenta de

---

[4] Russell Kirk, "Conservadorismo: Uma Descrição Sucinta". Trad. e notas de Márcia Xavier de Brito. *Dicta & Contradicta*, n. 10, jul. 2013, p. 252-63. Cit. p. 255.

[5] Idem, *A Política da Prudência*, op. cit., p. 103.

[6] Idem, *A Era de T. S. Eliot*, op. cit., p. 507.

especulações acerca da ordem que é tão característica como fenômeno dos tempos como as próprias ideologias a que ela se opõe".[7] O julgamento do filósofo não se volta contra a disposição conservadora defendida por Edmund Burke, T. S. Eliot ou Russell Kirk, pois esses autores entendem que "literatura e sociedade dependem da fé na ordem transcendente".[8] A desaprovação voegeliniana se dirige para "o tipo de pensador que é um cético, ou agnóstico, com respeito à realidade transcendente e, ao mesmo tempo, um conservador no tocante à ordem da história",[9] descrito como o "cético conservador", representado por Protágoras (490-415 a.C.), Pirro de Élis (360-270 a.C.) e Sexto Empírico (160-210) na Antiguidade e por Michel de Montaigne (1533-1592), Pierre Bayle (1647-1706) e David Hume (1711-1776) na modernidade, mas, também, pode ser identificado em algumas posturas de autores contemporâneos como Michael Oakeshott, Frank S. Meyer e Roger Scruton. O maior problema de alguns conservadores da atualidade é concordar com a noção de "conservadorismo situacional", definido por Samuel P. Huntington (1927-2008) como "ideologia posicional" que não passa de mero "sistema de ideias empregado para justificar qualquer ordem social estabelecida".[10] Esse tipo de ceticismo foi examinado por Voegelin com as seguintes palavras:

> No que se refere a prática da vida, o cético foi lançado de volta a um conservadorismo simples. "Vivemos de uma maneira não dogmática, seguindo as leis, costumes e emoções naturais." Ele aceitou os costumes e convicções prevalentes na sociedade que o cercava pelo acaso de seu nascimento e deixou a história ser

---

[7] Eric Voegelin, *Anamnese: Da Teoria da História e da Política*. Intr. e ed. David Walsh; trad. Elpídio Mário Dantas Fonseca. São Paulo, É Realizações, 2009, p. 481.

[8] Russell Kirk, *A Era de T. S. Eliot*, op. cit., p. 621.

[9] Eric Voegelin, *Ordem e História: Volume II – O Mundo da Pólis*. Intr. Athanasious Moulakis; trad. Luciana Pudenzi. São Paulo, Loyola, 2009, p. 387.

[10] Samuel P. Huntington, "Conservatism as an Ideology". *American Political Science Review*, vol. 51, n. 2, June 1957, p. 454-73. Cit. p. 455.

negociada sobre a sua cabeça, como era adequado para o súdito de um Império.¹¹

Ao recusar o ceticismo e se abrir para a transcendência, o conservadorismo kirkiano sabe que "nossa esperança não se encontra no momento presente, muito embora a ação correta no presente seja o meio para a imortalidade", pois, nessa perspectiva, "se nos faltar compreensão do passado pessoal e do passado histórico, o presente momento não tem sentido".¹² Na busca existencial e intelectual da verdade, Russell Kirk asseverou que:

> De nossos atos passageiros, aqui e agora, depende a união com a divindade: por Cristo, participamos da eternidade. Caso isso não exista, somos fantasmas realizando um ritual de dança; caso isso venha a faltar, temos apenas o conhecimento da experiência privada e do empirismo social, que falham quando deles precisamos. Acreditemos no que nos foi dito, de que somos espíritos aprisionados a ser libertados somente pelo amor de Deus e pelo amor ao próximo.¹³

O ceticismo de T. S. Eliot e de Russell Kirk não se opôs à transcendência, mas, ao contrário, se voltou contra algumas verdades aparentes da ordem histórica imanente, fator que levou os dois autores a rejeitar a adoção de um conservadorismo situacional, buscando a preservação das chamadas "coisas permanentes". Ambos acreditavam que em nossa "grotesca civilização, era necessário um conservadorismo filosófico que transcendesse a conveniência, o pragmatismo e a corrupção dos partidos".¹⁴

---

¹¹ Eric Voegelin, *Ordem e História: Volume III – Platão e Aristóteles*. Intr. Dante Germino; trad. Cecília Camargo Bartalotti. São Paulo, Loyola, 2009, p. 429.

¹² Russell Kirk, *A Era de T. S. Eliot*, op. cit., p. 481.

¹³ Ibidem, p. 478.

¹⁴ Ibidem, p. 575.

Os ensaios, o teatro e a poesia de T. S. Eliot não influenciaram apenas as reflexões acadêmicas de Russell Kirk, visto que os escritos do poeta também deixaram marcas profundas nas obras de ficção do Mago de Mecosta, pois nos contos sobrenaturais diversos símbolos e temas ressoam a imaginação eliotiana. No romance místico *Lord of Hollow Dark*, no qual Kirk "atrevera-se a retratar a imaginação diabólica em ação em um culto iniciático de sua época",[15] os nomes das personagens principais da história foram retirados dos poemas de Eliot. Ainda que ao final apresente uma mensagem de esperança e de redenção, a narrativa desse livro "exprimiu em forma ficcional muitas de suas antipatias com as mudanças culturais que surgiram com o Concílio Vaticano II",[16] ao mesmo tempo que "reúne não só todas as suas crenças mais importantes sobre religião, pessoa humana, alma e heroísmo, mas também une toda a sua obra à mitologia de Eliot".[17] Nas palavras do próprio autor, *Lord of Hollow Dark* foi publicado "na forma de um romance gótico no intento de representar simbolicamente os cultos corruptores que emergem da clandestinidade na última metade do século XX",[18] sendo "um livro sutil, assustador, complexo".[19] De acordo com a análise de Bradley J. Birzer, "a temática do livre-arbítrio e da predestinação, da sacramentalidade e do satanismo, da intervenção humana e da graça divina predominam no romance".[20] Apesar de ser "um dos mais sombrios trabalhos ficcionais de Kirk e certamente o mais ambicioso",[21] infelizmente, *Lord of Hollow Dark* recebeu pouca atenção, mesmo tendo alcançado elogios do famoso mestre do terror

---

[15] Idem, *The Sword of Imagination*, p. 472.
[16] Bradley J. Birzer, *Russell Kirk*, p. 370.
[17] Ibidem, p. 19.
[18] Russell Kirk, *The Sword of Imagination*, p. 433.
[19] Ibidem, p. 434.
[20] Bradley J. Birzer, *Russell Kirk*, op. cit., p. 371-72.
[21] James E. Person Jr., *Russell Kirk*, op. cit., p. 128.

Robert Aickman (1914-1981).[22] O insucesso do livro foi explicado pelo próprio autor do seguinte modo:

> Kirk imaginara as personagens e cenários purgatoriais ou infernais de um modo bastante assustador, mas seu agente, no esforço de conseguir edições em brochura para a ficção de Kirk, disse-lhe que talvez algum editor de fantasia pudesse achar a obra de Kirk apropriada para "gentis leitoras femininas". O público norte-americano, rapazes e moças em particular, sorveram terrores literários por tanto tempo que seu gosto se tornou depravado. Para tal mercado Kirk não escreveria, pouco importa quão boa fosse a remuneração. Nunca escrevera nada em que não acreditasse ser verdade, de que tivesse se envergonhado ou que tivesse de envergonhar-se. Tal resolução lhe conferira a independência perfeita e uma consciência tolerável, embora o tivesse deixado livre de ações, bonificações e contas-poupança. Assim como seu mentor literário, Sir Walter Scott, podia consumir de modo convivial, com convidados, refugiados, obras de caridade e filhas por educar, os recursos parcos que possuía. No entanto, porque no princípio era o Verbo, não poderia abusar das palavras.[23]

O amor pelas palavras na luta para preservar a "comunicação dos mortos" foi o principal fator da união intelectual entre Russell Kirk e T. S. Eliot, além das diversas coincidências entre a biografia de ambos que foram ressaltadas por Benjamin G. Lockerd, Jr.[24] e por Bradley J. Birzer.[25] Algumas diferenças fundamentais devem ser destacadas, no entanto, para um entendimento mais acurado das

---

[22] Robert Aickman, *The University Bookman*, vol. 20, Winter 1980, p. 40-42.

[23] Russell Kirk, *The Sword of Imagination*, op. cit., p. 472.

[24] Benjamin G. Lockerd, Jr., "Introdução para a Terceira Edição Norte-Americana", op. cit., p. 112.

[25] Bradley J. Birzer, *Russell Kirk*, op. cit., p. 220.

singularidades do pensamento kirkiano. Mesmo tendo se preocupado com "a condição decaída deste mundo", tal como expresso tanto nos ensaios quanto na produção literária, o "melancólico e espirituoso" Eliot foi acima de tudo um poeta metafísico forjado por "um profundo sofrimento"[26] oriundo das experiências do conturbado matrimônio com Vivienne Haigh-Wood (1888-1947). Não obstante, o processo de reconciliação com o cristianismo ofereceu a Eliot um percurso beatífico que lhe permitiu trilhar uma jornada espiritual do inferno em *Waste Land* até a antevisão do paraíso no jardim de rosas dos *Four Quartets*, pelos quais respondeu "as próprias perguntas últimas, até o ponto em que tais indagações pudessem ser feitas pela visão poética".[27] Em contrapartida, o tímido, humilde, sincero e gentil Kirk foi um homem de letras dotado de aguçada imaginação histórica, o que lhe permitiu harmonizar a imaginação moral e a imaginação poética dos literatos com a imaginação política dos estadistas e analistas sociais. O anglicanismo eliotiano comparado ao catolicismo kirkiano foi outro fator fundamental nas percepções divergentes de ambos, pois "onde Eliot viu tristeza, Kirk viu possibilidades".[28] De certo modo, o conjunto da obra de Russell Kirk pode ser interpretado como um justo meio entre as reflexões de T. S. Eliot e a atuação de Edmund Burke, ao agregar outras contribuições individuais, visto que soube equacionar a visão sacramental da imaginação profética com as necessidades circunstanciais da ação política, pois sabia que "herdamos um patrimônio que é o poder de visão do profeta, do filósofo e do poeta".[29]

A maioria dos escritos de Russell Kirk é marcada por um elemento autobiográfico que perpassa de modo subliminar a narrativa, e isso

---

[26] Russell Kirk, *A Era de T. S. Eliot*, op. cit., p. 625.

[27] Ibidem, p. 496.

[28] Bradley J. Birzer, *Russell Kirk*, op. cit., p. 243.

[29] Russell Kirk, *A Era de T. S. Eliot*, op. cit., p. 480.

faz com que o autor, ao discutir as ideias e o caráter de outros pensadores, desvele traços da própria personalidade e do modo como atuou em batalhas específicas contra as tolices do tempo. Quando afirmou que, na função de crítico da sociedade, Eliot "não oferecera o ópio da ideologia: pleiteara o retorno do princípio permanente e o reconhecimento de tensões que são necessárias à vida civil tolerável",[30] ofereceu uma síntese de sua atuação pessoal como homem de letras. Nas palavras de David L. Schindler, catedrático de Teologia Fundamental do John Paul II Institute for Studies on Marriage and Family da Catholic University of America e editor responsável pela redação norte-americana de *Communio*, "todos os que se dedicam às tradições humanistas da cultura ocidental estão em dívida com Russell Kirk, cuja vasta erudição foi transmitida com mansidão, humildade, dignidade e encanto".[31] Prometemos que "o fim será simples, rápido, oportuno",[32] pois nele se encontra o princípio que norteou toda essa obra, chave para o entendimento de nosso objeto. O persistente legado do pensamento kirkiano, como já dissemos, é inseparável da trajetória e das crenças do autor, que, logo após saber que lhe restavam poucas semanas de vida, resumiu o sentido de sua existência como peregrino em nossa terra desolada com as seguintes palavras:

> Aos 75 anos, Kirk chegara a compreender que buscara, durante a vida, três fins ou objetivos.
>
> Um fora a defesa das coisas permanentes num mundo em que "quem reina é o Turbilhão, depois de ter expulsado Zeus". Buscara conservar um patrimônio de ordem, justiça e liberdade, um ordenamento moral tolerável e uma herança de cultura. Embora remasse contra uma forte maré, de algum modo fora bem-sucedido

---

[30] Ibidem, p. 613.
[31] James E. Person Jr., *The Unbought Grace of Life*, op. cit., p. 222.
[32] T. S. Eliot, *Assassínio na Catedral*. In: *T. S. Eliot: Obra Completa – Volume II: Teatro*, op. cit., p. 27.

nessa aspiração; certamente, muito além das aspirações iniciais, ao lembrar às pessoas que a verdade não nasceu ontem.

O segundo fora levar uma vida de independência decorosa, vivendo como os seus antepassados, na terra, em circunstâncias que lhe permitissem proferir a verdade e fazer ouvir a sua voz: uma vida limpa e impoluta, não dedicada ao ter e ao gastar. Na antiga vocação de homem de letras, alcançara tal aspiração em Piety Hill.

Um terceiro fim fora casar-se por amor e criar filhos que saberiam que o serviço de Deus é a perfeita liberdade. Na meia-idade, a magnífica Annette, dotada da "graça natural da existência", entregara-se a ele e concebera quatro crianças. Annette e Russell ajudaram a manter a instituição da família ao criar um exemplo vigoroso.

Assim, seus três desejos foram concedidos; ele era grato. Poder sobre as pessoas, assim como dinheiro, nunca desejara; fora poupado de tais responsabilidades.

Tanto pela autoridade como pelas próprias percepções e experiências, Kirk veio a entender que existe um reino do ser além desse mundo temporal e que uma providência misteriosa age nos assuntos humanos – que o homem é feito para a eternidade. Tal conhecimento fora a consolação e a compensação da tristeza.[33]

---

[33] Russell Kirk, *The Sword of Imagination*, op. cit., p. 473-74.

## 7. SUGESTÕES DE LEITURA

"Não desejo examinar exaustivamente os vícios de um grande número de livros englobados sob essa designação, ou encorajar o hábito preguiçoso de substituir um cuidadoso estudo de textos pela assimilação de opiniões de outros. Se as pessoas escrevessem somente quando têm algo a dizer, e nunca meramente por quererem escrever um livro, ou por ocuparem uma posição em que escrever livros é o que se espera delas, a massa de matéria crítica não estaria tão desproporcionada com o número muito pequeno de livros de crítica que são dignos de ser lidos."

T. S. Eliot, *O Uso da Poesia e o Uso da Crítica*, p. 33.

A seleção bibliográfica apresentada a seguir não colige todos os trabalhos citados na presente obra, além de não fornecer uma relação completa dos livros escritos por T. S. Eliot ou por Russell Kirk. Alguns textos utilizados em nossa pesquisa não estão facilmente disponíveis para o grande público, por isso optamos nesta seleção bibliográfica por oferecer algumas obras seminais para o entendimento dos pensamentos kirkiano e eliotiano, da noção de Imaginação Moral e, por fim, das linhas gerais das diferentes vertentes do conservadorismo, que podem ser encontradas sem maiores dificuldades, mesmo que não tenham sido mencionadas no livro. Sempre que existir versão em língua portuguesa do livro ou ensaio optaremos por apresentar a edição traduzida. No caso específico dos ensaios de Russell Kirk, optamos por listar, além de alguns ensaios sobre T. S. Eliot, os principais textos que estão, preferencialmente, disponíveis na internet e não foram incluídos em nenhuma coletânea do autor.

## 1. LIVROS DE RUSSELL KIRK

*A Era de T. S. Eliot: A Imaginação Moral do Século XX*. Apres. Alex Catharino; intr. Benjamin G. Lockerd Jr.; trad. Márcia Xavier de Brito. São Paulo: É Realizações, 2011.

*America's British Culture*. New Brunswick: Transaction Publishers, 1993.

*A Política da Prudência*. Apres. Alex Catharino; intr. Mark C. Henrie; trad. Gustavo Santos e Márcia Xavier de Brito. São Paulo: É Realizações, 2013.

*Beyond the Dreams of Avarice: Essays of Social Critic*. 2. ed. Peru: Sherwood Sugden & Company, 1991.

*Decadence and Renewal in the Higher Learning: An Episodic History of American University and College since 1953*. South Bend: Gateway, 1978.

*Edmund Burke: Redescobrindo um Gênio*. Ed. Jeffrey O. Nelson; apres. Alex Catharino; pref. Roger Scruton; trad. Márcia Xavier de Brito. São Paulo: É Realizações (no prelo).

*Enemies of the Permanent Things: Observations of Abnormity in Literature and Politics*. 2. ed. Peru: Sherwood Sugden & Company, 1984.

*John Randolph of Roanoke: A Study in American Politics – With Selected Speechs and Letters*. 4. ed. Indianapolis: Liberty Fund, 1997.

*Prospects for Conservatives: A Compass for Rediscovering the Permanent Things*. Intr. Bradley J. Birzer. Hedwig Village: Imaginative Conservative Books, 2013.

*Redeeming the Time*. Ed. e intr. Jeffrey O. Nelson. Wilmington: ISI Books, 1996.

*Rights and Duties: Reflections on Our Conservative Constitution*. Ed. Mitchell S. Muncy; intr. Russell Hittinger. Dalas: Spence Publishing, 1997.

*The American Cause*. 3. ed. Ed. e intr. Gleaves Whitney. Wilmington: ISI Books, 2002.

*The Conservative Mind: From Burke to Eliot*. 7. ed. rev. Washington: Regnery Publishing, 1986.

*The Intemperate Professor and Other Cultural Splenetics*. 2. ed. Peru: Sherwood Sugden & Company, 1988.

*The Roots of American Order*. 4. ed. Pref. Forrest McDonald. Wilmington: ISI Books, 2003.

*The Sword of Imagination: Memoirs of a Half-Century of Literary Conflict*. Grand Rapids: William B. Eerdmans Publishing Company, 1995.

## 2. ENSAIOS DE RUSSELL KIRK

"A Arte Normativa e os Vícios Modernos". Trad. Gustavo Santos; notas de Alex Catharino. COMMUNIO: *Revista Internacional de Teologia e Cultura*, vol. XXVII, n. 4, ed. 100, out.-dez. 2008, p. 993-1017.

"A Imaginação Moral". Trad. Gustavo Santos; notas de Alex Catharino. COMMUNIO: *Revista Internacional de Teologia e Cultura*, vol. XVIII, n. 1, ed. 101 / jan.-mar. 2009, p. 103-19.

"Capitalism and the Moral Basis of Social Order". *Modern Age*, vol. 35, n. 2, Winter 1992, p. 99-105.

"Cats, Eliot, and the Dance of Life". *Renascence: Essays on Values in Literature*, vol. 40, n. 3, Spring 1988, p. 197-203.

"Chesterton and T. S. Eliot". *The Chesterton Review*, vol. 2, n. 1, Spring-Summer 1976, p. 184-96.

"Chesterton, Madmen, and Madhouses". *Modern Age*, vol. 15, n. 1, Winter 1971, p. 6-16.

"Conservadorismo: Uma Descrição Sucinta". Trad. e notas de Márcia Xavier de Brito. *Dicta & Contradicta*, n. 10, jul. 2013, p. 252-63.

"C. S. Lewis' Golden Key". *The World & I*, vol. 2, n. 2, Feb. 1987, p. 346-53.

"Edmund Burke and the Future of American Politics". *Modern Age*, vol. 31, n. 2, Spring 1987, p. 107-14.

"Eliot and a Christian Culture". *This World: A Journal of Religion and Public Life*, n. 24, Winter 1989, p. 5-19.

"Eliots's Christian Imagination". In: BROOKER, Jewel Spears (ed.). *The Placing of T. S. Eliot*. Columbia: University of Missouri Press, 1991, p. 136-44.

"Flannery O'Connor and the Grotesque Face of God". *The World & I*, vol. 2, n. 2, Jan. 1987, p. 429-33.

"Historical Consciousness and the Preservation of Culture". *The World & I*, vol. 4, n. 1, Jan. 1989, p. 490-501.

"Justice, Law, and Religion". *Humanitas*, Spring 1989, p. 1-6.

"O Ópio das Ideologias". Trad. Márcia Xavier de Brito; notas de Alex Catharino. In: COMMUNIO: *Revista Internacional de Teologia e Cultura*, vol. XXVIII, n. 3, ed. 103, jul.-set. 2009, p. 767-90.

"Reinvigorating Culture". *Humanitas*, vol. VII, n. 1, 1994, p. 27-42.

"The Christian Imagination of T. S. Eliot". *Southern Academic Review*, n. 3, Spring 1989, p. 123-35.

"The End of Learning". *The Intercollegiate Review*, vol. 24, n. 1, Fall 1988, p. 23-28.

"The Great Mysterious Incorporation of the Human Race". In: TADIE, Andrew A. and MACDONALD, Michael H. (ed.). *Permanent Things: Toward the Recovery of a More Human Scale at the End of Twentieth Century*. Grand Rapids: William B. Eerdmans Publishing Company, 1995, p. 1-13.

"T. S. Eliot on Education and the Moral Imagination". In: *Papers on Educational Reform*. La Salle: Open Court, 1971, p. 135-57.

"T. S. Eliot on Literary Morals". *Touchstone: A Journal of Ecumenical Orthodoxy*, vol. 4, n. 3, Summer 1991, p. 23-24.

"Two Plays of Resignation". *The Month*, Oct. 1953, p. 223-29.

"Will Eliot Endure?" *The World & I*, vol. 8, n. 8, Aug. 1993, p. 412-21.

## 3. LIVROS E ARTIGOS SOBRE RUSSELL KIRK

ATTARIAN, John. "Russell Kirk's Economics of the Permanent Things". *The Freeman*, vol. 46, n. 4, April 1996, p. 232-36.

ATTARIAN, John. "Russell Kirk's Political Economy". *Modern Age*, vol. 40, n. 1, Winter 1998, p. 87-97.

BEER, Jeremy. "Science Genuine and Corrupt: Russell Kirk's Christian Humanism". *The Intercollegiate Review*, vol. 35, n. 1, Fall 1999 p. 23-28.

BIRZER, Bradley J. "More than 'Irritable Mental Gestures': Russell Kirk's Challenge to Liberalism, 1950-1960". *Humanitas*, vol. XXI, n. 1 & 2, 2008, p. 64-86.

_____. *Russell Kirk: American Conservative*. Lexington: University Press of Kentucky, 2015.

_____. "Russell Kirk: Knight-Errant against the Ideologues". *Second Spring: International Journal of Faith and Culture*, n. 10, 2008, p. 50-59.

BOYD, Ian. "Russell Kirk: An Integrated Man". *The Intercollegiate Review*, vol. 30, n. 1, Fall 1994, p. 18-22.

BROWN, Charles C. *Russell Kirk: A Bibliography*. 2. ed. rev. Wilmington: ISI Books, 2011.

CAMPBELL, William F. "An Economist's Tribute to Russell Kirk". *The Intercollegiate Review*, vol. 30, n. 1, Fall 1994, p. 68-71.

CATHARINO, Alex. "Kirk, Russell (1918-94)". In: BARRETO, Vicente e CULLETON, Alfredo (Eds.). *Dicionário de Filosofia Política*. São Leopoldo: Unisinos, 2010, p. 289-93.

CHAMP, Robert. "Russell Kirk's Fiction of Enchantment". *The Intercollegiate Review*, vol. 30, n. 1, Fall 1994, p. 39-42.

EAST, John P. "Russell Kirk". In: *The American Conservative Movement: The Philosophical Founders*. Intr. George H. Nash. Chicago / Washington D.C.: Regnery Books, 1986, p. 17-37.

FEDERICI, Michael P. "The Politics of Prescription: Kirk's Fifth Canon of Conservative Thought". *The Political Science Reviewer*, vol. 35, 2006, p. 159-78.

FROHNEN, Bruce. "Has Conservatism Lost Its Mind? The Half-Remembered Legacy of Russell Kirk". *Policy Review*, n. 67, Winter 1994, p. 62-66.

_____. "Redeeming America's Political Culture: The Kirkean Tradition in the Study of American Public Life". *The Political Science Reviewer*, vol. 35, 2006, p. 230-63.

_____. "Russell Kirk on Cultivating the Good Life". *The Intercollegiate Review*, vol. 30, n. 1, Fall 1994, p. 63-67.

FRUM, David. "The Legacy of Russell Kirk". *The New Criterion*, vol. 13, n. 4, December 1994, p. 10-16.

GUROIAN, Vigen. "Russell Kirk: Christian Humanism and Conservatism". In: *Rallying the Really Human Things: The Moral Imagination in Politics, Literature, and Everyday Life*. Wilmington: ISI Books, 2005, p. 31-45.

_____. "*The Conservative Mind* Forty Years Later". *The Intercollegiate Review*, vol. 30, n. 1, Fall 1994, p. 23-26.

GUSHURST-MOORE, Andre. "Russell Kirk and the Adventures in Normality". In: *The Common Mind: Politics, Society and Christian Humanism from Thomas More to Russell Kirk*. Tacoma: Angelico Press, 2013, p. 217-30.

HENRIE, Mark C. "Russell Kirk's Unfounded America". *The Intercollegiate Review*, vol. 30, n. 1, Fall 1994, p. 51-57.

HITTINGER, Russell. "The Unwritten Constitution and the Conservative's Dilemma". *The Intercollegiate Review*, vol. 30, n. 1, Fall 1994, p. 58-62.

KIRK, Annette. *Life with Russell Kirk*. Washington, D.C.: The Heritage Foundation, 1995. (The Heritage Lectures, n. 547, Nov. 17, 1995)

MALVASI, Mark G. "Kirk Among the Historians: Myth and Meaning in the Writing of American History". *The Political Science Reviewer*, vol. 35, 2006, p. 132-58.

MCALLISTER, Ted V. "The Particular and the Universal: Kirk's Second Canon of Conservative Thought". *The Political Science Reviewer*, vol. 35, 2006, p. 79-99.

MCCLELLAN, James. "Russell Kirk's Anglo-American Conservatism". In: FROST, Bryan-Paul and SIKKENGA, Jeffrey (ed.). *History of American Political Thought*. Lanham: Lexington Books, 2003, p. 646-65.

MCDONALD, W. Wesley. "Kirk, Russell (1918-94)". In: FROHNEN, Bruce; BEER, Jeremy and NELSON, Jeffrey O. (Eds.). *American Conservatism: An Encyclopedia*. Wilmington: ISI Books, 2006, p. 471-74.

_____. *Russell Kirk and the Age of Ideology*. Columbia: University of Missouri Press, 2004.

NASH, George H. "*The Conservative Mind* in America". *The Intercollegiate Review*, vol. 30, n. 1, Fall 1994, p. 27-30.

_____. "The Life and Legacy of Russell Kirk". In: *Reappraising the Right: The Past & Future of American Conservatism*. Wilmington: ISI Books, 2009, p. 72-83.

NEWMAN, R. Andrew. "Pilgrimages and Destinations in the Ghostly Tales of Russell Kirk". *Modern Age*, vol. 40, n. 3, Summer 1998, p. 314-18.

PAFFORD, John M. *Russell Kirk*. New York: Continuum, 2010.

PANICHAS, George. "Russell Kirk as a Man of Letters". *The Intercollegiate Review*, vol. 30, n. 1, Fall 1994, p. 9-17.

PERSON, Jr., James E. *Russell Kirk: A Critical Biography of a Conservative Mind*. Lanhan: Madison Books, 1999.

_____. "The Holy Fool as Bohemian Tory: The Wise Faith of Russell Kirk". *Touchstone: A Journal of Mere Christianity*, vol. 16, n. 5, June 2003, p. 35-40.

_____. *The Unbought Grace of Life: Essays in Honor of Russell Kirk*. Peru: Sherwood Sugden & Company, 1994.

RUSSELLO, Gerald J. "Russell Kirk and the Critics". *The Intercollegiate Review*, vol. 38, n. 2, Spring/Summer 2003, p. 3-13.

_____. "Russell Kirk: Tradicionalist Conservatism in a Postmoderm Age". In: DEUTSCH, Kenneth L. and FISHMAN, Ethan (eds.). *The Dilemmas of American Conservatism*. Lexington: University Press of Kentucky, 2010, p. 125-49.

_____. *The Postmodern Imagination of Russell Kirk*. Columbia: University of Missouri Press, 2007.

SCHESKE, Eric. "The Conservative Convert: The Life and Faith of Russell Kirk". *Touchstone: A Journal of Mere Christianity*, vol. 16, n. 5, June 2003, p. 41-48.

STANLIS, Peter J. "Prophet of American Higher Education". *The Intercollegiate Review*, vol. 30, n. 1, Fall 1994, p. 76-80.

WHITNEY, Gleaves. "The Swords of Imagination: Russell Kirk's Battle with Modernity". *Modern Age*, vol. 43, n. 4, Fall 2001, p. 311-20.

_____. "Seven Things You Should Know about Russell Kirk". *Vital Speeches of the Day*, vol. 63, June 1, 1997, p. 507-11.

WOLFE, Gregory. "The Catholic as Conservative". *Crisis: A Journal of Lay Catholic Opinion*, vol. 11, n. 9, Oct. 1993, p. 25-32.

## 4. OBRAS DE T. S. ELIOT

*After Strange Gods: A Primer of Modern Heresy*. London: Faber and Faber, 1934.

*Knowledge and Experience in the Philosophy of F. H. Bradley*. New York: Columbia University Press, 1989.

*Notas para a Definição de Cultura*. Trad. Eduardo Wolf. São Paulo: É Realizações, 2011.

*On Poetry and Poets*. New York: Noonday Press, 1957.

*O Uso da Poesia e o Uso da Crítica: Estudos sobre a Relação da Crítica com a Poesia na Inglaterra*. Pref. Rodrigo Petronio; trad. Cecília Prada. São Paulo: É Realizações, 2015.

*Selected Essays: 1917-1932*. New York: Harcourt, Brace and Company, 1932.

*The Idea of a Christian Society*. London: Faber and Faber, 1939.

*The Sacred Wood: Essays on Poetry and Criticism*. London / New York: Methuen / Barnes & Noble, 1960.

To Criticize the Critic and Other Writings. New York: Farrar, Straus & Giroux, 1965.

T. S. Eliot: Obra Completa – Volume I: Poesia. Trad., intr. e notas de Ivan Junqueira. São Paulo: Arx, 2004.

T. S. Eliot: Obra Completa – Volume II: Teatro. Trad. Ivo Barroso. São Paulo: Arx, 2004.

## 5. LIVROS E ARTIGOS SOBRE T. S. ELIOT

BANTOCK, G. H. *T. S. Eliot and Education*. London: Faber & Faber, 1970.

BROWNE, E. Martin. *The Making of T. S. Eliot's Plays*. Cambridge: Cambridge University Press, 1969.

CHINITZ, David E. *A Companion to T. S. Eliot*. Malden: John Wiley & Sons / Blackwell, 2014.

DALE, Alzina Stone. *T. S. Eliot: The Philosopher-Poet*. Wheaton: Harold Shaw Publishers, 1988.

DAWSON, Christopher. "O Significado da Cultura em T. S. Eliot". In: *Dinâmicas da História do Mundo*. Ed., pref., intr. e posf. John J. Mulloy; intr. Dermot Quinn; pref. e trad. Maurício G. Righi. São Paulo: É Realizações, 2010, p. 185-92.

DAWSON, J. L.; HOLLAND, P. D. and MCKITTERNICK (eds.). *A Concordance to the Complete Poems and Plays of T. S. Eliot*. Ithaca: Cornell University Press, 1995.

DREW, Elizabeth. T. S. *Eliot the Design of His Poetry*. London: Eyre & Spottiswoode, 1950.

FRYE, Northrop. *T. S. Eliot*. New York: Grove Press, 1963.

GARDNER, Helen. *The Art of T. S. Eliot*. London: Cresset Press, 1949.

_____. *T. S. Eliot and the English Poetic Tradition*. Nottingham: Nottingham University, 1966.

_____. *The Composition of Four Quartets*. New York: Oxford University Press, 1978.

HARDING, Jason (ed.). *T. S. Eliot in Context*. Cambridge: Cambridge University Press, 2011.
HOWARTH, Herbert. *Notes on Some Figures Behind T. S. Eliot*. Boston: Houghton Mifflin Company, 1964.
JONES, David E. *The Plays of T. S. Eliot*. Toronto: University of Toronto Press, 1960.
KENNER, Hugh. *The Invisible Poet: T. S. Eliot*. New York: Harbinger / Harcourt, Brace & World, 1959.
\_\_\_\_\_. *T. S. Eliot: A Collection of Critical Essays*. Englewood Cliffs: Prentice-Hall, 1962.
KRAMER, Paul Kenneth. *Redeeming Time: T. S. Eliot's Four Quartets*. Lanham, Chicago, New York, Toronto and Plymouth, UK: Cowley Publications, 2007.
LOCKERD, Benjamin G. *Aethereal Rumours: T. S. Eliot's Physics and Poetics*. Lewisburg: Bucknell University Press, 1998.
\_\_\_\_\_. *T. S. Eliot and the Christian Tradition*. Madison: Fairleigh Dickinson University Press, 2014.
LUCY, Seán. *T. S. Eliot and the Idea of Tradition*. London: Cohen & West, 1967.
MATTHIESSEN, F. O. *The Achievement of T. S. Eliot: An Essay on the Nature of Poetry*. New York: Galaxy Book / Oxford University Press, 1959.
MONTGOMERY, Marion. *T. S. Eliot: An Essay on the American Magus*. Athens: University of Georgia Press, 1969.
MOODY, David A. (ed.). *The Cambridge Companion to T. S. Eliot*. Cambridge: Cambridge University Press, 1994.
SCRUTON, Roger. "T. S. Eliot as Conservative Mentor". In: HENRIE, Mark C. (ed.). *Arguing Conservatism: Four Decades of the Intercollegiate Review*. Wilmington: ISI Books, 2008. p. 700-10.
SMITH, Grover. *T. S. Eliot's Poetry & Plays: A Study in Sources & Meaning*. Chicago: University of Chicago Press, 1956.
SOUTHAM, B. C. *A Guide to Selected Poems of T. S Eliot*. New York: A Harvest Original / Harcourt, Brace & Company, 1994.
TATE, Allen (ed.). *T. S. Eliot: The Man and His Work*. New York: Delta, 1966.

UNGER, Leonard. *Eliot's Compound Ghost: Influence and Confluence*. University Park: Pennsylvania State University Press, 1981.

_____. *T. S. Eliot: Moments and Patterns*. Minneapolis: University of Minnesota Press, 1966.

WEBB, Eugene. "O Caminho para Cima e o Caminho para Baixo: A Redenção do Tempo na 'Quarta-feira de Cinzas' e nos *Quatro Quartetos* de T. S. Eliot". In: *A Pomba Escura: O Sagrado e o Secular na Literatura Moderna*. Trad. Hugo Langone. São Paulo: É Realizações, 2012, p. 211-58.

## 6. TEXTOS SOBRE IMAGINAÇÃO MORAL

BABBITT, Irving. "Burke e a Imaginação Moral". In: *Democracia e Liderança*. Pref. Russell Kirk; trad. Joubert de Oliveira Brízida. Rio de Janeiro: Topbooks, 2003, p. 119-38.

BYRNE, William F. *Edmund Burke for Our Time: Moral Imagination, Meaning, and Politics*. DeKalb: Northern Illinois University Press, 2011.

CATHARINO, Alex. "A Filosofia da Liberdade na Saga de Filmes *Star Wars* – Parte 1". *MISES: Revista Interdisciplinar de Filosofia, Direito e Economia*, vol. II, n. 1, jan.-jun. 2014, p. 259-77.

_____. "A Filosofia da Liberdade na Saga de Filmes *Star Wars* – Parte 2". *MISES: Revista Interdisciplinar de Filosofia, Direito e Economia*, vol. II, n. 2, jul.-dez. 2014, p. 563-90.

_____. "A Imaginação Moral de J. R. R. Tolkien e os Conceitos de Liberdade na Trilogia *O Senhor dos Anéis*". *MISES: Revista Interdisciplinar de Filosofia, Direito e Economia*, vol. I, n. 1, jan.-jun. 2013, p. 215-54.

_____. "A Imaginação Moral em *Star Wars*". COMMUNIO: *Revista Internacional de Teologia e Cultura*, vol. XVIII, n. 1, ed. 101 / jan.-mar. 2009, p. 221-52.

CLAUSEN, Christopher. *The Moral Imagination: Essays on Literature and Ethics*. Iowa City: University of Iowa Press, 1986.

COLERIDGE, S. T. *Biographia Literaria*. Ed. e intr. J. Shawcross. London: Oxford University Press / Geoffrey Cumberlege, 1907. 2v.

ELLIOTT, G. R. *Humanism and Imagination*. Chapel Hill: The University Press of North Carolina Press, 1938.

GARDNER, Helen. *In Defence of the Imagination*. Cambridge: Harvard University Press, 1982.

_____. *Religion and Literature*. London: Faber and Faber, 1971.

GARDNER, John. *On Moral Fiction*. Intr. Lore Segal. New York: Basic Books, 2000.

GREGORY, Alan P. R. *Coleridge and the Conservative Imagination*. Macon: Mercer University Press, 2003.

GUROIAN, Vigen. "A Imaginação Moral e os Contos de Fadas". Trad. e notas de Márcia Xavier de Brito. *COMMUNIO: Revista Internacional de Teologia e Cultura*, vol. XXVII, n. 1, ed. 97 / jan.-mar., 2008, p. 185-202.

_____. *Tending the Heart of Virtue: How Classic Stories Awaken a Child's Moral Imagination*. Oxford: Oxford University Press, 1998.

JOHNSON, Mark. *Moral Imagination: Implications of Cognitive Science for Ethics*. Chicago: University of Chicago Press, 1993.

LOCKERD, Jr., Benjamin. G. "The Truth of Beauty: Educating the Moral Imagination". *The Saint Austin Review*, Jan. 2009, p. 9-12.

MACDONALD, George. *A Dish of Orts: Chiefly Papers on the Imagination, and on Shakespeare*. London: Sampson Low Marston & Co, 1893.

MONTGOMERY, Marion. *The Prophetic Poet and the Spirit of the Age: Volume I – Why Flannery O'Connor Stayed Home*. Peru: Sherwood Sugden & Company, 1981.

_____. *The Prophetic Poet and the Spirit of the Age: Volume II – Why Poe Drank Liquor*. Peru: Sherwood Sugden & Company, 1983.

_____. *The Prophetic Poet and the Spirit of the Age: Volume III – Why Hawthorne was Melancholy*. Peru: Sherwood Sugden & Company, 1984.

PANICHAS, George A. *Joseph Conrad: His Moral Vision*. Macon: Mercer University Press, 2005.

RICHARDS, I. A. *Coleridge on Imagination*. Bloomington: Indiana University Press, 1965.

STANLIS, Peter J. *Robert Frost: The Poet as Philosopher*. Intr. Timothy Steele. Wilmington: ISI Books, 2007.

WILLIAMS, C.S.C. Oliver F. (ed.). *The Moral Imagination: How Literature and Films Can Stimulate Ethical Reflection in the Business World*. Notre Dame: The University of Notre Dame Press, 1997.

## 7. TEXTOS SOBRE CONSERVADORISMO

ALLITT, Patrick. *The Conservatives: Ideas & Personalities Thoughout American History*. New Haven: Yale University Press, 2009.

AUERBACH, M. Morton. *The Conservative Illusion*. New York: Columbia University Press, 1959.

CAREY, George W. (ed.). *Freedom and Virtue: The Conservative / Libertarian Debate*. 2. ed. rev. Wilmington: ISI Books, 1998.

COUTINHO, João Pereira. *As Ideias Conservadoras Explicadas para Revolucionários e Reacionários*. São Paulo: Três Estrelas, 2014.

DAVIDSON, Donald G. *Regionalism and Nationalism in the United States: The Attack on Leviathan*. Intr. Russell Kirk. New Brunswick: Transaction Publishers, 1991.

EDWARDS, Lee. *The Conservative Revolution: The Movement That Remade America*. New York: Free Press, 1999.

FHOHNEN, Bruce. *Virtue and the Promise of Conservatism: The Legacy of Burke & Tocqueville*. Lawrence: University Press of Kansas, 1993.

HART, Jeffrey. *The Making of the American Conservative Mind: National Review and its Times*. 2. ed. Wilmington: ISI Books, 2006.

HAYEK, F. A. "Por Que Não Sou um Conservador". In: *Os Fundamentos da Liberdade*. Intr. Henry Maksoud; trad. Anna Maria Capovilla e José Ítalo Stelle. Brasília / São Paulo: Editora da Universidade de Brasília / Visão, 1983, p. 466-82.

HOGG, Quintin. *The Case for Conservatism*. Harmondsworth: Penguin, 1947.

MACIAG, Drew. *Edmund Burke in America: The Contested Carrier of Father of Modern Conservatism*. Ithaca: Cornell University Press, 2013.

MAHONEY, Daniel J. *The Conservative Foundations of the Liberal Order: Defending Democracy against Its Modern Enemies and Immoderate Friends*. Wilmington: ISI Books, 2010.

MEYER, Frank S. *In Defense of Freedom and Related Essays*. Pref. William C. Dennis. Indianapolis: Liberty Fund, 1996.

NASH, George H. *The Conservative Intellectual Movement in America: Since 1945*. 2. ed. rev. Wilmington: ISI Books, 1996.

NISBET, Robert A. *Conservatism: Dream and Reality*. Intr. Brad Lowell Stone. New Brunswick: Transaction Publishers, 2002.

_____. *The Quest for Community: A Study in the Ethics of Order & Freedom*. Pref. William A. Schambra. San Francisco: ISC Press, 1990.

OAKESHOTT, Michael. *Rationalism in Politics and Other Essays*. Pref. Timothy Fuller. Indianapolis: Liberty Fund, 1991.

O'SULLIVAN, Noël. "Conservatisms". In: BALL, Terence and BELLAMY, Richard (eds.). *The Cambridge History of Twentieth-Century Political Thought*. Cambridge: Cambridge University Press, 2006, p. 151-64.

QUINTON, Anthony. "Conservatism". In: GOODIN, Robert E. and PETTIT, Philip (ed.). *A Companion to Contemporary Political Philosophy*. Oxford: Blackwell, 1995, p. 244-68.

SCRUTON, Roger. *Como ser um Conservador*. Trad. Bruno Garschagen. Rio de Janeiro: Record, 2015.

_____. "Hayek and Conservatism". In: FESER, Edward (ed.) *Cambridge Companion to Hayek*. Cambridge: Cambridge University Press, 2007, p. 208-31.

_____. *O Que é Conservadorismo*. Apres. Bruno Garschagen; trad. Guilherme Ferreira Araújo. São Paulo: É Realizações, 2015.

VIERECK, Peter. *Conservatism Revisited*. New York: Collier Books, 1962.

VOEGELIN, Eric. *A Nova Ciência da Política*. Intr. José Pedro Galvão de Sousa; trad. José Viegas Filho. Brasília: Editora da Universidade de Brasília, 1982.

WEAVER, Richard M. *As Ideias Têm Consequências*. Trad. Guilherme Araújo Ferreira. São Paulo: É Realizações, 2012.

WILSON, Francis Graham. *The Case for Conservatism*. Intr. Russell Kirk; pref. Kenneth C. Cole. New Brunswick: Transaction Publishers, 2011.

**CONHEÇA OUTROS TÍTULOS DA BIBLIOTECA CRÍTICA SOCIAL:**

Com coordenação de Luiz Felipe Pondé, a Biblioteca Crítica Social tem o propósito de disponibilizar ao público brasileiro obras introdutórias ao pensamento de importantes intelectuais do século XX. Além de um breve perfil biográfico, cada volume apresenta um panorama da obra do autor comentado e um estudo detalhado de um livro em particular. Ao final, cada volume traz, também, uma série de sugestões de leitura, que permitem o aprofundamento dos estudos. Esperamos que esta coleção ajude a fortalecer a pluralidade da discussão acadêmica no Brasil.

facebook.com/erealizacoeseditora
twitter.com/erealizacoes
instagram.com/erealizacoes
youtube.com/editorae
issuu.com/editora_e
erealizacoes.com.br
atendimento@erealizacoes.com.br